E agora adeus

a parte desta car-
 tanta coisa tem havido
a mêdo intimior.
Não sei se poderei fazer i o
Drummond. Na verdade, seme-
luz nada. Menos ainda do que pa-
 que a prosa, para mim, é ou
a. Acuso o facto de que o facto
 muito me tem influenciado,
 qual tenho mais dificuldade do
te". E sentimentalmente, não
le: nem a êle. Nem a min-
 Porque Cassiano Ricardo não
 ao Domingos Carvalho da Silva,
 V. diz que está ao aperfeiço
 de poetas inglese e cas
 que umas livrarias aqui
das?
 Fico por aqui porque o

E agora adeus

Correspondência para

Lêdo Ivo

João Cabral de Melo Neto Manuel Bandeira
Murilo Mendes Mário de Andrade Clarice Lispector
José Geraldo Vieira Otto Maria Carpeaux Ribeiro Couto
Erico Verissimo Cassiano Ricardo Menotti Del Picchia
Jorge Amado José Américo de Almeida Lauro Escorel
Abgar Renault Carlos Drummond de Andrade
Ivan Junqueira Antonio Candido

Copyright © 2007 by Instituto Moreira Salles

Capa: Lêdo Ivo, repórter da revista *Manchete*, desembarca na ilha Rasa (RJ) em janeiro de 1963 – Arquivo Lêdo Ivo/Acervo IMS

DADOS INTERNACIONAIS DE CATALOGAÇÃO NA PUBLICAÇÃO (CIP)
(CÂMARA BRASILEIRA DO LIVRO, SP, BRASIL)

E agora adeus: correspondência para Lêdo Ivo. – São Paulo, Instituto Moreira Salles, 2007.

ISBN 978-85-86707-17-9

1. Ivo, Lêdo, 1924-   2. Poesia brasileira   3. Poesia brasileira – História e crítica.

07-9218   CDD-869.9109

Índices para catálogo sistemático:
1. Poesia: Literatura brasileira: História e crítica   869.9109

Printed in Brasil, 2007
Foi feito o depósito legal.

INSTITUTO MOREIRA SALLES
Av. Paulista, 1.294, 14º andar, Bela Vista.
CEP: 01310-915, São Paulo-SP.
Tel.: (0 xx 11) 3371-4455; fax: (0 xx 11) 3371-4497.
Internet: www.ims.com.br
E-mail: ims@ims.com.br

Seja muito feliz e faça versos.
CLARICE LISPECTOR A LÊDO IVO

Notas à correspondência por Gilberto Mendonça Teles

E AGORA ADEUS – *Apresentação por Lêdo Ivo* 11
O CAMINHO QUE SE BIFURCA – *Introdução às cartas de João Cabral de Melo Neto por Gilberto Mendonça Teles* 19

1. João Cabral de Melo Neto 21
2. Manuel Bandeira 87
3. Murilo Mendes 101
4. Mário de Andrade 125
5. Clarice Lispector 131
6. José Geraldo Vieira 137
7. Otto Maria Carpeaux 149
8. Ribeiro Couto 153
9. Erico Verissimo 171
10. Cassiano Ricardo 181
11. Menotti Del Picchia 189
12. Jorge Amado 197
13. José Américo de Almeida 203
14. Lauro Escorel 209
15. Abgar Renault 215
16. Carlos Drummond de Andrade 221
17. Ivan Junqueira 229
18. Antonio Candido 235

Os poetas Jorge de Lima (1893-1953) e Lêdo Ivo
Arquivo Lêdo Ivo/Acervo IMS

E AGORA ADEUS
Lêdo Ivo

Soignez votre tombeau
CHATEAUBRIAND

DIANTE DESTA CORRESPONDÊNCIA que clareia tantos passos de um longo trajeto, sinto-me como o sobrevivente de um naufrágio. Em sua quase totalidade, as grandes ou pequenas amizades de minha vida só podem ser encontradas hoje em cemitérios. O tempo, esse assassino escondido na brisa, extinguiu quase todas as vozes e fisionomias que me acompanharam pela existência inteira. Mas as desaparições me fizeram herdeiro de um espólio em que as vozes esvaídas voltam e de novo se fazem ouvir no silêncio e na escuridão, e os rostos perdidos tornam a contemplar-me.

São essas vozes da noite que escuto agora, diante de tantas cartas que o tempo foi acumulando. Elas são também sobras de um naufrágio, já que, desatento e convicto de que a posteridade é o hoje, o agora e o aqui, deixei que dezenas ou centenas delas se perdessem. Fui um guardião infiel de mim mesmo, pois me refletia nelas. O extravio lamentável haverá de ser a advertência de que os textos acumulados pelo ofício literário, sejam públicos ou privados, constituem decerto uma reunião arbitrária de salvados. Predatório, o tempo não renuncia jamais ao seu direito – ou talvez ao seu dever – de proceder a exclusões e apagamentos. Assim, condenou ao olvido e à obliteração numerosas cartas de Clarice Lispector, Manuel Bandeira, João Cabral de Melo Neto, Carlos Drummond de Andrade, Ribeiro Couto, José Geraldo Vieira, Murilo Mendes e tantos outros protagonistas desta história de amizades que freme, com a sua nobreza e segredo, além do rumor literário.

As cartas salvas dos sumiços inexplicáveis não representam apenas documentos de diálogos mudos e mudas convivências. Delas emerge, como se fora uma maré tardia, o tempo esvaecido. Ao me debruçar sobre elas, com a autoridade do convívio, sou devolvido a mim mesmo, ao que fui e ao que deixei de ser. Estou em Maceió, e o mormaço envolve as letras do cartão de Manuel Bandeira que fortaleceu em mim o empenho de viver o meu próprio destino. Estou no Recife, atravessando a ponte Buarque de Macedo em companhia de João Cabral de Melo Neto. Encontro-me comigo mesmo no Rio de Janeiro, no começo de 1943, quando vim prestar o vestibular da Faculdade Nacional de Direito da Universidade do Brasil e continuar uma trajetória literária e jornalística iniciada na província. Desço a avenida Rio Branco na companhia de José Lins do Rego, e, nas portas das barbearias reluzentes, barbeiros barrigudos se curvam respeitosamente, saudando a passagem do glorioso autor de *Fogo morto*. Entontece-me, nos fundos da Livraria José Olympio, a fumaça do cigarro homicida de Graciliano Ramos – e ainda mais o seu pessimismo inextirpável. Estou no apartamento de Augusto Frederico Schmidt, que me põe no colo e, com a sua voz pausada e solene, assegura a João Cabral de Melo Neto: "É o Rimbaud brasileiro!" O conhecimento de Saint-John Perse me permite conversar com aquele Otto Maria Carpeaux que acabava de embasbacar os aborígenes com *A cinza do purgatório*. Na redação do jornal *A Manhã*, Ribeiro Couto me intima a mudar de nome.

Em seu consultório na Cinelândia, Jorge de Lima me apresenta a uma condessa polonesa (ou seria búlgara?) que me estende a mão para que eu a beije. Estou no quarto de Murilo Mendes, em Botafogo. O jovem poeta bárbaro, habituado à visão dos caranguejos nos mangues lagunares de sua cidade peninsular, é obrigado a ouvir Mozart e Bach. Na semi-escuridão, estendido num leito improvisado, as longas mãos de obstetra cruzadas sobre o peito, os olhos cerrados, o grande poeta de *A poesia em pânico* alça vôo, como um espetacular anjo pernalta, rumo a prováveis regiões celestiais, e me deixa sozinho na miserável morada dos homens.

Resvalo pela topografia memorável, e mais uma vez me defronto com a minha sombra. Num quarto na Glória, o estreante vindo do Norte – naquele tempo ditoso em que o Brasil miserável e arcaico esplendia literariamente, com a presença esmagadora e espezinhadora de José Lins do Rego, Gilberto Freyre, Jorge Amado, Graciliano Ramos, Amando Fontes, Rachel de Queiroz, José Américo de Almeida, o pernambucano carioquizado Manuel Bandeira, Álvaro Lins e tantos outros – recebia de Mário de Andrade uma carta instigante, que o tornava depositário de dois destinos. Atravesso o Atlântico e estou na Holanda, ao lado de Lêda*. Aflora-me à lembrança o verso de Ribeiro Couto: "Quero todas as flores de Amsterdã". Vejo-me, juntamente com José Geraldo Vieira, na avenida Rio Branco, esperando um ônibus que nos leve à redação de *A Manhã*. O Rio se muda em Paris, e de novo José Geraldo Vieira está ao meu lado, de regresso de uma viagem à União Soviética. No bar de um hotel em Copacabana, converso com um dos ídolos de minha infância letrada: Erico Verissimo. Num encontro na embaixada do Brasil em Lisboa, Jorge Amado me beija no rosto, e sinto mais uma vez prolongar-se em mim o calor desse gesto ao mesmo tempo fraterno e paternal.

Para minha surpresa, quando cheguei ao Rio, várias mãos se estenderam para mim. A história dessa solidariedade intelectual algumas vezes convertida em amizade está, embora fragmentada, nas cartas aqui coligidas. E talvez eu pertença à última geração da epistolografia literária, já que o e-mail, o correio eletrônico, de há muito extinguiu a prática das correspondências entre escritores.

Luzes se acendem. Estou de novo no Recife, num hospital psiquiátrico, em visita a João Cabral de Melo Neto, ali internado pela família, e submetido a um tratamento que durará meses. Diante de mim, com a roupa da casa, está o poeta da razão e da lucidez, o leitor incansável de Paul Valéry, e que recusa o primeiro verso oferecido pelos deuses. A extraordinária di-

---

* Lêda Ivo (1923-2004), esposa do escritor.

ferença entre nós me alarma e, numa brecha de silêncio, interrogo o mistério que nos aproxima, já que somos tão diferentes, talvez antípodas, e interlocutores em uma discussão interminável, que atravessará nossas vidas inteiras, até que a morte silencie um de nós. Como entender essa aproximação ou – melhor dizendo – essa atração que ao mesmo tempo une e separa dois seres tão diferentes e teoricamente fadados a um recomendável distanciamento? O João Cabral que está ali, falando aos borbotões, e entressachando o seu monólogo de "compreende?" sucessivos, num reiterado propósito de busca de compreensão, não mudará nunca. É e será o João Cabral de sempre, com os cabelos rigorosamente penteados, as obsessões e enfermidades, e a incapacidade de compreender os outros e os outros lados. No "Poema" escrito nesses dias de reclusão, ele pergunta: "Onde o mistério maior/ do sol da luz da saúde?". Eu vinha do sol, eu vinha da grande luz alagoana que sustenta o mormaço e a maresia, e a minha saúde e alegria contrastavam com o clima hospitalar ali reinante. Eu era um leitor inveterado de Rimbaud, praticamente de uma poesia considerada desabrida e torrencial, e que dispensava o império da *pâle raison*, e diante de mim se perfilava o jovem companheiro para quem o verso de Valéry – "*Je me voyais me voir*" – constituía o lema e a costura de sua vida já visitada pela angústia. Será que, naquele momento antecipador de sua vida atormentada, o futuro autor de *Museu de tudo* já se via a ver-se a si mesmo? De qualquer modo, a sua atitude era o contrário da minha. Eu me recusava a me ver, pois sempre me considerei um desconhecido de mim mesmo e desinteressado em saber quem sou. Contento-me com as versões que os outros, tanto os que me alteiam como os que me diminuem, têm de mim. Uma delas será a verdadeira, embora eu deseje, do fundo do coração, que nenhuma delas o seja.

Assim, ao longo de minhas relações com João Cabral de Melo Neto, não eram apenas as questões estéticas que nos separavam. Até mesmo a saúde nos mantinha em campos diferentes. As suas insônias e dores de cabeça, e o ter estado internado em vários ou numerosos hospitais, submetendo-se a seguidas operações cirúrgicas, impunham-se a mim como uma demonstração de superioridade e me faziam sentir-me como um mendigo saudável, que dormia a perna solta todas as noites. Era como se eu pensasse: como ser um poeta sem a experiência da insônia, da dor de cabeça que nenhum especialista conseguiu jamais debelar e exigia a ingestão diária de uma constelação de aspirinas? Como ser um poeta sem a implacável dor física na sede do próprio intelecto? E, muitos anos depois, outra pergunta se acrescenta à primeira: Como ser poeta sem necessitar de uma ração alcoólica diária? Eu me sentia vazio, habitado apenas pelas águas negras dos meus mangues e pelo martelamento incessante das vagas do meu oceano natal. Falecia-me o sentimento da angústia.

O angustiado João Cabral de Melo Neto passou a vida inteira rodeado pelos monstros criados pela razão. Por que discutíamos tanto, se jamais haveríamos de chegar a um acordo? Ouço a sua voz, no sítio São João, um de seus refúgios preferidos. O poeta de *O engenheiro* investe contra Camões, Fernando Pessoa e Machado de Assis ("esse mulato safado"), condena a poesia de Keats, Shelley, Byron e Victor Hugo. Os românticos são os alvos prediletos de sua intolerância ou postulação estética: cobre-os de sarcasmos e vitupérios. E os românticos brasileiros, tão admirados por mim, não escapavam à sua fúria, que desabava devastadoramente sobre Castro Alves e Gonçalves Dias, Álvares de Azevedo e Fagundes Varela. À efusão e torrencialidade dos românticos, preferia o meticuloso fazer poético dos parnasianos, neles louvando a disciplina, a pesquisa formal e o trabalho de cinzelamento do poema.

Na verdade, João Cabral de Melo Neto pensava que a poesia só tinha um caminho a ser trilhado: e este era o seu, o de sua poesia. Para ele, só havia um modo de expressão poética: o seu. As estéticas e poéticas que não se adequassem à sua stalinista linha justa eram para ele práticas inaceitáveis ou inconcebíveis, quando não erros monstruosos.

Em certos momentos inebriantes, também eu, altamente suspeito de ter convicções ou pruridos românticos, era fulminado pela sua invectiva. Censurava-me por estar vivo. Entendia que eu deveria ter morrido aos 20 anos. A seu ver, essa ocorrência funesta me proporcionaria uma posteridade semelhante à de Rimbaud. Modestamente, eu recusava esse desfecho deslumbrante, obtemperando-lhe que preferia ser o Victor Hugo de Maceió, e viver mais de 80 anos, a ser um Rimbaud silenciado aos 20.

As sua idéias e posições políticas também se distinguiam por uma clareza meridiana. Proclamava-se "materialista-ateu-marxista-leninista-comunista-stalinista". O seu grande ídolo era Stalin, a quem chamava, muito carinhosamente, de "o bigodudo".

No tocante à religião, ou à irreligião, assegurava-me que, entre os seus papéis de disposição testamentária, havia uma declaração nítida e veemente de uma postura anti-religiosa e de acendrado materialismo, a ser obedecida quando de sua morte. Não acreditava na existência de Deus nem na imortalidade de alma. Qualquer posição contrária assumida no seu momento final deveria ser atribuída à senilidade e à "ausência de si mesmo". Por isso, foi com uma cândida surpresa que tomei conhecimento de que tivera uma morte cristã, rezando fervorosamente um terço ao lado de sua companheira.

À intolerância das arraigadas convicções literárias, às inarredáveis certezas políticas e existenciais, acrescentavam-se as amarguras e desilusões do serviço público. Doía-lhe ter ficado quase dez anos *encalhado* na Embaixada do Brasil em Dacar – e a palavra *encalhado* era talvez a única, de teor marítimo, usada por esse poeta que só apreciava os mares lisos como a superfície de uma mesa – ou em postos marasmentos, sem o brilho e a visibilidade tão caros aos diplomatas triunfantes, enquanto seus companheiros ou colegas de turma transitavam airosamente no chamado circuito Elizabeth Arden (as embaixadas de Paris, Londres, Roma, Washington, Madri, Bonn, Lisboa, Buenos Aires...). Foi o último de sua turma a ser promovido a embaixador, após mais de dez anos de suados esforços e suadas gestões.

A sua notoriedade internacional também era objeto de tormentos e decepções, já que incompleta. Faltava-lhe o Prêmio Nobel. Confiado nas especulações dos fervorosos noticiaristas da *Folha de S.Paulo* – que todos os anos o incluíam na galeria radiosa dos nobelizáveis – passou os últimos decênios de sua vida à espera da grandiosa dádiva sueca.

Aposentado, e já viúvo, trancou-se no espaçoso apartamento da praia do Flamengo. Nem mesmo a presença de uma nova companheira, a poeta Marly de Oliveira, o estimulou a viver a existência dos embaixadores aposentados, que transitam fagueira e desembaraçadamente nos grandes salões mundanos, freqüentam as noites de autógrafos, sentam-se nas cadeiras um pouco incômodas do Pen Clube e trafegam pelos salões da Academia Brasileira de Letras. A esta, João Cabral de Melo Neto ia muito raramente. E, sempre, sentava-se ao meu lado – já que o destino desmentira os temores de meu pai no tocante à minha trajetória poética, e eu terminara ancorado, como um navio, numa das cadeiras azuis do Petit Trianon. A propósito da Academia tem cabida lembrar que há mais de 20 anos me salteia uma sensação que soma estranheza e pertencimento, como se naquele recinto preclaro eu fosse ao mesmo tempo ornamental e substancial como uma azeitona em uma empada. João Cabral de Melo Neto experimentaria sensação semelhante?

Ao contrário do que ele costumava propalar nas folhas volantes, não foi a Academia que o buscou. Era uma aspiração antiga que remontava aos dias da adolescência, quando vira na revista *O Malho* uma fotografia do seu primo, o escritor Múcio Leão, envergando o vistoso e famigerado fardão (com espada e chapéu bicorne) no dia da posse. Aquela imagem lhe ficou gravada na mente, como referência de ascensão social e reconhecimento literário. Além disso, com a sua obsessão pelas árvores genealógicas, estendia o seu parentesco aos acadêmicos pernambucanos Manuel Bandeira, A. Carneiro Leão e talvez a Olegário Mariano. A condição de diplomata lhe tornava ainda mais imperioso o desejo de ingressar na Academia, o qual foi robustecido pelo golpe militar de 1964. Tendo sido afastado do Itamaraty em 1952, no governo Vargas, ele temia, e com sobradas razões, que aquele episódio – e ainda os seus discretos e intervalados namoros com a estridente e festiva esquerda brasileira, a chamada *esquerda de salão* – voltassem a ser aquecidos pelos caçadores de bruxas, que enxameavam por toda a parte, inclusive no Ministério das Relações Exteriores. A Academia Brasileira de Letras não representava apenas o reconhecimento literário e social. Seria para ele um escudo, um refúgio, uma proteção, uma casamata – e ele soube buscá-la, no momento exato em que a consagração de *Morte e vida severina* o converteu numa figura midiática, assediada pelos estagiários famélicos dos grandes jornais.

Como já foi acentuado pelo poeta, ensaísta e historiador literário Gilberto Mendonça Teles, a quem foi confiado o labor de anotar esta correspondência – do qual se desincumbiu com o maior zelo e competência, catando minúcias esparsas e obrigando-me, com as suas interrogações incessantes, a enveredar por tantos passados perdidos –, as cartas de João Cabral de Melo Neto aqui reunidas estão longe de constituir uma coleção completa. Creio que mais de 30 delas foram por mim destruídas. Esse ato poderá merecer a censura de algum leitor ou escoliasta inclinado, em sua fome de tudo saber ou no exercício de uma férvida admiração a protestar contra a mutilação de um espólio literário. Entretanto, presumo que o portador da censura eventual haveria de absolver-me caso conhecesse o teor das missivas sacrificadas.

Estou de novo no sítio São João. É noite alta. O vento agita as minhas florestas. Ouço o pio das corujas brancas no caminho entre os cedros. Os meus cachorros sonham de olhos abertos. É uma noite interminável. Diante de um copo de uísque, João Cabral de Melo Neto fala, fala, fala. E, como no dia remoto em que nos conhecemos, pergunta-me sempre: "Compreende?".

O CAMINHO QUE SE BIFURCA
INTRODUÇÃO ÀS CARTAS DE JOÃO CABRAL DE MELO NETO
Gilberto Mendonça Teles

APESAR DE SUA ALTA RELEVÂNCIA para a história da literatura brasileira, a coletânea de cartas de João Cabral a Lêdo Ivo está longe de cobrir o espaço, de mais de 30 anos, em que os dois poetas se corresponderam. Conservou-se o período inicial dessa correspondência, e algumas cartas esparsas da década de 1980.

As cartas que João Cabral de Melo Neto escreveu ao seu amigo em 1953 e 1954 – quando Lêdo Ivo morava em Paris – não figuram aqui. Elas refletiam o período em que João Cabral, afastado do Itamaraty, posto em disponibilidade não remunerada pelo governo Vargas, sob a acusação de ser comunista, vivia uma das fases mais angustiosas de sua vida. Invocando dever imperioso de amizade, Lêdo Ivo preferiu destruí-las. Alegou, para justificar a sua decisão, que elas continham matérias íntimas e ideológicas que, pelo seu alto teor confidencial, abrigavam em suas linhas numerosas referências contundentes a atores da vida pública e literária de então; e muitos desses figurantes públicos pertenciam ao universo de convivência de ambos.

As cartas escritas por João Cabral de Melo Neto durante o longo período, mais de dez anos, em que ele serviu no Senegal, como embaixador comissionado, também não foram encontradas no acervo ora sob a guarda do Instituto Moreira Salles, o mesmo ocorrendo com outras missivas posteriores.

Nos últimos anos de sua vida diplomática, as viagens de João Cabral de Melo Neto ao Brasil tornaram-se mais freqüentes, o que justificaria a escassez ou ausência de suas cartas, substituídas pelos diálogos vivos e intermináveis no sítio São João, em Teresópolis, refúgio campestre de ambos.

As cartas aqui reunidas iluminam a história de uma grande amizade entre os dois poetas – surgida no Recife de 1940, quando Lêdo Ivo tinha apenas 16 anos e João Cabral, 20 – que se prolongou a vida inteira, somando afeição e admiração mútuas, até os dias finais quando, já marcados pela velhice, se sentavam lado a lado nas sessões da Academia Brasileira de Letras.

Temperamentos diferentes, e portadores e praticantes de estéticas sumamente diferenciadas e até colisivas, o seco e rigoroso João Cabral e o efusivo e transbordante Lêdo Ivo comprovam nessa correspondência infelizmente parcial uma mútua e excepcional nobreza literária e moral que merece servir de exemplo, pela sua dimensão efetiva e dialógica – muito embora as cartas que o autor de *Ode e elegia* dirigiu ao seu companheiro de *Museu de tudo* não tenham até aqui sido reveladas.

Note-se o devotamento de Lêdo Ivo a João Cabral, empenhando-se em propagar o nome e a obra de um amigo que a vida consular e diplomática distanciara do Brasil, aplicando-se a conseguir-lhe uma moradia no mesmo edifício em que iria habitar; interessando-se pela edição de seus livros a fim de que ele transpusesse a fronteira das edições limitadas e longe do alcance do público. Por seu lado, João Cabral de Melo Neto seguia a mesma trilha afetiva e intelectual, estimulando o interesse de seu amigo pela poesia catalã, levando-o a conhecer e ler novos autores ingleses, determinando-se incluí-lo em antologias. O episódio da edição de uma antologia poética de Lêdo Ivo pela embaixada do Brasil no Peru é paradigmático a esse respeito.

Conforme tenho acentuado ao longo de minha atuação crítica, a poesia brasileira que surgiu na década de 1940 – e sucedeu a grandes nomes como os de Manuel Bandeira, Mário de Andrade, Carlos Drummond de Andrade e Cecília Meireles – é um caminho que se bifurca. Um deles é o trilhado por João Cabral de Melo Neto. O outro, por Lêdo Ivo. Temperamentos diferentes, artes poéticas diferentes, vidas diferentes. É essa diferença que enriquece a literatura e a poesia. E a lição dessa diferença lateja nas cartas de dois poetas que foram amigos a vida inteira.

João Cabral de Melo Neto

Lêdo Ivo (à direita) com João Cabral de Melo Neto (1920-1999)
Arquivo Lêdo Ivo/Acervo IMS

Barcelona
26 de abril de 1947

Meu caro Lêdo,
aqui estou, na "Espanha-não" do nosso Manuel Bandeira. Barcelona é uma bela cidade, particularmente favorável àquela vagabundagem que nosso conterrâneo (meu e seu conterrâneo, embora não sejamos de um mesmo Estado; mas o Benedito[1] não é assim uma espécie de cosmopolita do Nordeste, "Nordeste-trotter"?) praticava nas ruas do Recife. Tenho procurado imitá-lo, andando sem rumo pelas ruas do chamado "bairro gótico" da cidade – qualquer coisa como cinco vezes o bairro de São José do nosso amigo.

Esse tal "bairro gótico" é a parte mais interessante de Barcelona, onde v. encontrará de ruínas romanas e sobrevivências iberas a anúncios a gás-néon. Essa é a parte onde a gente literata passeia e que a gente literata escreve na carta aos amigos de ofício. Porque para morar, trabalhar, divertir-se etc., a gente tem o resto da cidade (que não é o resto, mas a maior extensão da cidade), "onde" o barcelonês não literato acha muito bonito e o estrangeiro acha muito confortável.

---

1. Benedito Coutinho, amigo de ambos os poetas, que se transferiu na mesma época para o Rio de Janeiro e se tornou jornalista político.

Estarei a partir de 3ª feira fabulosamente instalado (como tenho estado até hoje, fabulosamente hospedado na casa do meu chefe, poeta Osório Dutra). A vida é boa, quando nos chega em dólares. E aquela estação de que v. tanto fala, a "primavera", é realmente fabulosa: vê-se que os poetas em Cristo têm realmente o dom divinatório.[2]

Fui convidado para dar um curso de literatura brasileira na Faculdade de Filosofia e Letras da Universidade de Barcelona. Já o comecei – considerando que o curso estava no pré, resolvi *empiezar* pelo modernismo – e assim é que, já há dias, os alunos de filologia românica da Universidade (fundada em 1400 + ou menos), muito sérios, anotam nomes de pessoas assim: Lêdo Ivo, Antônio Rangel Bandeira[3], Clarice Lispector etc. Porque ainda não desencaixotei meus livros, não me foi possível ainda fazê-los ler o que esses nomes escrevem. Aliás, o espírito estudantil preza mais os nomes, os dados biográficos e os rótulos (não o chameis p. em C.) do que as obras mesmas.

Noutra carta lhe falarei do que tenho visto por aqui no nosso ofício.

O consulado vai fechar agora e o avião parte amanhã cedo. Não quero perdê-lo.

Lembranças a Lêda – de família a família.

Abraços no supracitado Benedito e em Eustáquio.[4]

Um abraço do
João Cabral

[Sem data, 1947]

Meu caro Lêdo,
como V. vê, o Correio está bancando o espírito de porco. Será que v. não recebeu também, mandados para o mesmo endereço de Laranjeiras,

---

2. Ateu e já secretamente convertido ao comunismo por Carlos Drummond de Andrade, João Cabral ironiza nesta carta a "poesia em Cristo" celebrada por Jorge de Lima e Murilo Mendes.
3. Antonio Rangel Bandeira, poeta e ensaísta pernambucano, que também se transferiu para o Rio de Janeiro na mesma época. Foi ainda crítico musical.
4. Eustáquio Duarte era médico, cultor de Proust e amigo de João Cabral e Lêdo Ivo.

meu telegrama-felicitações pelo prêmio e minha carta-agradecimento pelas "Alianças"?[5]

Ao menos o livro[6] me foi devolvido, que torno a mandá-lo a você, via aérea desta vez, na esperança de que os aviões sejam mais honestos do que os navios.

Repare que o exemplar que lhe mando é um dos 15 especiais; repare também no que está em cursivo na página 28.

Que notícias me dá de vossa vida? De vossas 3 (espero que já haja um terceiro) vidas? Nós aqui somos quase quatro.

Mande-me alguma coisa para imprimir. Como só poderei fazer pequenas tiragens, mande-me alguma coisa já publicada ou que não se possa destinar a *miles* de leitores. Por exemplo: uma coleção de 10 ou 12 sonetos escolhidos.[7]

Recomende-nos à Lêda e aos amigos.

Um abraço de seu

João Cabral

Hostalets de Balenyà
18 de julho de 1948

Recebi, já há dias, sua carta, dias depois, já aqui neste *pueblo* dos Pireneus onde descanso da tipografia e do Consulado (mais da tipografia), os sonetos que ela me anunciava.[8] Acho que poderei fazer com eles coisa acei-

---

5. Esta carta não datada é de 1947, ano em que Lêdo Ivo foi distinguido com o Prêmio de Poesia da Academia Brasileira de Letras e publicou o seu primeiro romance, *As alianças*, pela Livraria Agir Editora.
6. O livro em apreço é *Psicologia da composição*, editado por João Cabral de Melo Neto em sua prensa manual O Livro Inconsútil. Nele, há um poema dedicado a Lêdo Ivo.
7. Esta solicitação constitui a gênese do livro *Acontecimento do soneto*.
8. Trata-se de *Acontecimento do soneto*, que João Cabral editou em sua prensa manual. Como Lêdo Ivo teve oportunidade de contar em várias oportunidades, o soneto aconteceu em sua trajetória literária como decorrência de um desafio de João Cabral. Para este, Lêdo Ivo ("eu era todo incerteza e turbilhão, abundância e desperdício") registra em *Confissões de um poeta* que era incapaz de produzir um soneto, que reclama métrica e rima e se distingue pela sua composição rigorosa e acabada. Lêdo aceitou o desafio. Sua primeira manifestação nesse gênero, o "Soneto da mulher e a jovem", foi aliás dedicada a João Cabral e incluída em *As imaginações*, de 1944, seu livro de estréia. Ao adquirir na Espanha uma prensa manual, por

tável; sobretudo, muito mais bem impressa do que o *Mafuá do malungo*, grande parte do que foi trabalhado numa precisa de provas. Espero estar de volta a Barcelona aí pelos 10 de agosto. Como antes tenho um poema do Theodomiro Tostes[9] a imprimir – e que já está comigo há alguns meses – somente em primeiros de setembro começarei o seu. Espero que não seja muito demorar.

Tirarei do livro 100 ou 100 e poucos exemplares. Num papel razoável etc. etc. Como temos algum tempo, poderemos depois combinar certas coisas. Por exemplo: o título, pois o nome *Sonetos* me parece muito gasto; por exemplo: o número de poemas, pois que um número superior a 15 ou 20 implicaria em lentidão no trabalho, lentidão > impaciência minha > imperfeição. Estou, tanto quanto possível, resolvido a publicar livros pequenos. Os livros maiores levam tempo e acabam desesperançando o artesão de acabar. Combinados? Espero, portanto, suas instruções.

Nossos parabéns pelo nascimento da Patrícia[10], minha patrícia. Esse nome – não no sentido romano – adquire para quem está fora uma força especial.

O que V. diz na sua carta sobre minha estética, que V. compreende, é uma coisa muito curiosa. Já tenho notado em outras pessoas essa irritação pelo meu regime alimentar. Por quê? Será que v., e esses outros amigos, lamentam riquezas de que eu estaria abrindo mão? Nesse caso, explico que não há riquezas desperdiçadas. Em meu trabalho dos últimos tempos – aquele livro – não houve poda alguma; houve perfuração. Portanto, não houve riquezas jogadas fora. As únicas – se o são – são as que ali foram escritas, as atingidas.

sugestão de um médico que entendeu necessitar ele de uma terapia de trabalho capaz de curar ou atenuar a sua clássica dor de cabeça, João Cabral decidiu produzir pequenas edições artesanais (hoje raridades disputadas em leilões) de poetas amigos. Assim surgiram *Mafuá do malungo*, de Manuel Bandeira, *Acontecimento do soneto*, de Lêdo Ivo, e outros livros. Cabe salientar ainda que o título *Acontecimento do soneto* foi dado pelo próprio João Cabral, por entender que o cultivo desse gênero poético acontecera como algo novo na poesia de seu amigo. Ao longo de seu percurso poético, Lêdo Ivo se impôs como um dos mais contumazes e destacados cultores do gênero.

9. Theodomiro Tostes (Taquari, RS, 1903 – Porto Alegre, 1986), diplomata e poeta, era amigo de João Cabral.
10. Patrícia, primogênita de Lêda e Lêdo Ivo, nascida em 3 de junho de 1948. O nome foi dado por Manuel Bandeira, que escolheria também o nome de Maria da Graça para a segunda filha do casal, nascida em 29 de janeiro de 1951.

Estude a possibilidade de trocar comigo a sua edição de Guillén[11] por alguma coisa daqui. Esta edição publicada no México é desconhecida aqui. A que eu tenho é a de 1936. Mas esta de 1945 é muito mais completa. O Guillén como quase todos os que interessam está fora. O Lauro Escorel[12] conhece-o, de Boston, onde o poeta dá lições num colégio de moças.

Aqui estou, há uma semana, para descansar. De livros, trouxe o mais fácil que podia: a novela picaresca, por exemplo. Você, que não tem preconceito inglês ou francês em matéria de literatura, haveria de se interessar por certos autores de que a gente ouve falar no Brasil, sem nunca ter possibilidade de ler. Mas desses conversaremos uma outra vez.

Estou escrevendo do jardim. Já está tão escuro que já não distingo o que escrevo. Não sei por que me lembrei daquele nosso projeto de dormir no Pontal da Barra, em Maceió.[13] A Stella[14], que não conhecia a aventura, conto-a agora, inclusive com os maruins. (Terminarei no claro).

Bem, então, aqui fico – entendidos: V. me escreverá precisando aquelas idéias sobre os sonetos.

Me mandaram o artigo de um tal Abramo, de São Paulo, contando as brigas e os ridículos do Congresso de Poesia.[15] Que coisa! Não acha v. que isso de nova geração está chato?

---

11. O poeta alude neste passo à dificuldade de encontrar na Espanha as obras de grandes poetas como Lorca, Antonio Machado e dos exilados Luís Cernuda e Jorge Guillén, como decorrência da repressão cultural da ditadura de Franco. Lêdo Ivo não aceitou a proposta de troca: presenteou João Cabral com seu valioso exemplar de *Cántico*, de Jorge Guillén, editado no México. Em seu primeiro livro editado na Espanha, *Psicologia da composição* (1947), a epígrafe "*Riguroso horizonte*" sinaliza a admiração e a identificação de João Cabral.
12. O diplomata Lauro Escorel (São Paulo, 1917 – Rio de Janeiro, 2002) foi um dos grandes amigos de João Cabral de Melo Neto. Sobre ele deixou um livro fundamental: *A pedra e o rio* (São Paulo: Duas Cidades, 1973). No início de sua vida intelectual, pertenceu, em São Paulo, ao grupo de Antonio Candido, Ruy Coelho, Décio de Almeida Prado e Francisco de Almeida Sales, da revista *Clima*, um dos primeiros sinais da renovação cultural que, na década de 1940, se processava no Brasil. Esse grupo, pelo alto porte intelectual e aparelhamento cultural, mereceu de Oswald de Andrade a designação de "chato-*boys*". Lauro Escorel, que, na vida diplomática, chegou a embaixador, foi colaborador de *O Estado de S. Paulo*. Além de seu ensaio sobre a poesia de João Cabral de Melo Neto, deixou um ensaio sobre Maquiavel.
13. Numa das viagens de João Cabral a Maceió, em 1942, pouco antes de sua partida para o Rio de Janeiro, Lêdo Ivo levou-o a conhecer o povoado de Pontal da Barra, entre o oceano e a lagoa Mundaú. Acompanhava-os outro amigo, Breno Accioly, futuro autor de *João Urso*. O aspecto primitivo dessa localidade de pescadores de peixe, caranguejos e sururu e de tecelões impressionou João Cabral. Projetaram pernoitar no Pontal, o que não se tornou possível, pois, ao anoitecer, Breno Accioly sofreu uma perturbação mental que os obrigou a voltar para Maceió.
14. Stella Barbosa Cabral de Melo, mulher de João.
15. Alusão ao 1 Congresso de Poesia realizado em São Paulo, em 1948. Convidado, Lêdo Ivo não compareceu.

Lembranças nossas a Lêda
E um abraço do amigo
João

N.B. Pode escrever para o Consulado que me mandarão a carta para cá. Gostaria que V. conhecesse a literatura catalã. Tenho traduzido alguma coisa. Aí vai, por exemplo uma *tannka*, do Carles Riba[16], o maior de hoje;

EUGENIA
Direi limões,
maçãs rosadas, rosas,
Sal e conchas,
e pensarão que passas
entre o jardim e a onda.
J.

Barcelona
25 de agosto de 1948

Meu caro Lêdo,
recebi sua última carta com as disposições tomadas por você quanto ao seu livro. Achei boa a escolha que v. fez. Apenas, sugeriria que v. pusesse o "Soneto de retorno", aquele que fala em ser

"cada vez mais moderno e mais antigo",

no princípio do livro. Eu faria a composição num tipo cursivo, e o soneto passaria a valer como uma espécie de programa ou prefácio.

Quanto ao título, difícil é sugerir; o simples: SONETOS, ou o aritmético VINTE E UM SONETOS são neutros demais. Talvez se pudesse chamar:

SONETOS A...

SONETOS DE...

---

16. Para que Lêdo Ivo conhecesse amplamente a poesia do poeta catalão, Carles Riba, João Cabral enviou-lhe tempos depois um exemplar de sua obra.

Mas também não satisfaz porque os "sonetos a" são mui pouco numerosos: creio que há um apenas.

O que teria um sabor de mais novidade seria aludir, no próprio título, ao seu gosto pelo soneto, pondo, por exemplo: PRÁTICA DO SONETO; ou: EXERCÍCIO DO SONETO.[17]

Ou então, aproveitando a sua doutrina sobre o *événement* de cada poema desse tipo, isto é, partindo daquele seu verso: "Não se faz um soneto, ele acontece...", batizar a coleção de:

OCORRÊNCIA

do

SONETO, ou

ACONTECIMENTO

do

SONETO.

---

17. Como documenta esta carta, a titulação do livro de sonetos de Lêdo Ivo mereceu, da parte de João Cabral de Melo Neto, um verdadeiro exercício intelectual. E na busca de exatidão para a coletânea a ser impressa pela sua prensa manual (O Livro Inconsútil), ficou estabelecido, de acordo com ambos os poetas, que o título mais adequado seria *Acontecimento do soneto*. Há nesse título uma ambigüidade, pois o "gosto pelo soneto" a que se refere João Cabral decorreu de sua própria instigação, empenhado que estava ele em "disciplinar" a criação poética de seu amigo. O verso "Não se faz um soneto, ele acontece", invocado por João Cabral, não significa que um soneto não seja uma construção poética, fruto de uma atenta e condensada engenharia de métrica e rima aparelhada para acolher emoção e pensamento. Um espírito ostensivamente construtivista rega todo o livro. De outra parte, cabe sublinhar que, no caminho poético de Lêdo Ivo, o soneto constituiu uma ocorrência ou acontecimento provocado pelo próprio João Cabral de Melo Neto. Assim, o verso acima citado abriga em sua conceituação tanto o instante de sua criação como a circunstância da prática do soneto ter ocorrido ou acontecido na vida de Lêdo Ivo como resultado de um desafio ou instigação de seu amigo tornado editor. Cumpre ainda acentuar que o verso "cada vez mais moderno e mais antigo" aponta para um dos postulados fundamentais de Lêdo Ivo, numa prática que se estenderia até hoje. Marcado pela doutrina de T. S. Eliot, pela qual uma criação poética é a soma de uma tradição e de um talento individual, Lêdo Ivo não dá as costas ao passado, como os modernistas de 1922. A sua modernidade nutre-se de um atento mergulho na tradição poética. Aliás, nenhum livro parnasiano ou simbolista tinge esses sonetos. Sem embargo de sua ostensiva originalidade, eles remetem ao modelo do soneto renascentista, de molde camoniano. O cultivo do soneto passou a ser uma das referências do percurso poético de Lêdo Ivo. Em *O aluno relapso* (São Paulo: Massao Ohno, 1991), publicado mais de 40 anos após sua iniciação no gênero, ele observa: "Fazer soneto é para quem sabe e quem pode, e os que não preenchem estes requisitos costumam falar mal dele. Desde os 20 anos que cultivo o soneto, e sempre me seduz o seu duplo desafio: o de aceitar as suas normas métricas e rimáticas, ajustando-me à tradição preclaras e o de transgredi-las. Para mim, ele é um espaço lúdico, um campo de experimentação. Em *Mar oceano*, há uns 12 sonetos ou mais. Estão incógnitos, dessonetizados, e só um deles ostenta o título do gênero, e assim mesmo é um soneto estrambótico, o que lhe dá um ar de transgressão". Estas cartas de João Cabral de Melo Neto demonstram que ele jamais foi contra o soneto – tanto assim que desafiou Lêdo Ivo a praticá-lo, e editou com o maior zelo gráfico o livro em que este exprimiu a sua prática.

Um destes últimos contaria com minha simpatia e preferência. Outras soluções possíveis:

O

ANTIGO

e o

MODERNO.

ou então, todo o verso como título:

CADA VEZ MAIS ANTIGO E MAIS MODERNO.

Estas são minhas sugestões sobre o título. Gostaria que V. me mandasse de uma vez sua opinião. Quero ter tudo pronto para começar na primeira oportunidade.

De volta de Hostalets vim encontrar o problema de papel mais difícil ainda. Raro e caro. Vamos ver até quando poderei manter a mania. Terei de, futuramente, explorar o esporte como coisa comercial?

Hoje faz aqui um calor danado, como no Rondó do atribulado do Tribobó do Manuel Bandeira. Só mesmo um caso tão importante como este me faria "tomar da pena".

Desculpe-me por isso a *shortness* da carta. Mas como v. não foi longo, em sua última, não tenho muitos remorsos.

Conte-me mais de vocês – família Ivo – e dos amigos.

Um grande abraço do
João Cabral

Barcelona
10 de setembro de 1948

Meu caro Lêdo,
um bilhete, para dizer que recebi sua carta e anotei suas recomendações. Ainda não comecei o seu livro (mas já o tenho esboçado na cabeça):

tenho andado nestes dias com uma gripe chatíssima, coincidente com um calor ainda mais chato e embrutecedor.

O Marques Rebello me mandou uma série de revistas de novos, publicadas aí: *Orfeu, Quixote, Joaquim, Meia-Pataca*.[18] Antes, me haviam mandado um número da *Revista Brasileira de Poesia*. Que onda todas elas fazem. E que confusões. Eu estava, desde que cheguei aqui, com os fios completamente cortados com a vida literária do Brasil. Se algum suplemento me caiu nas mãos, folheei-o por cima. Estas revistas, agora, com seu barulho, me deixaram em pânico.

Quando tenha alguma coisa de novo sobre o *Acontecimento do soneto*, lhe comunicarei.

Lembranças à família e aos amigos.

Um abraço do seu
João Cabral

[Sem data, 1948][19]

Perdi, mais uma vez, seu endereço de Copacabana.
J.

Meu caro Lêdo,

já comecei a fazer seu livro. Não lhe posso dizer quando o terminarei. Sim, que está ficando ótimo. A paginação muito me agrada e a impressão é, até agora pelo menos, a melhor conseguida por mim.

Deixei o soneto do retorno para imprimir no fim (no fim do trabalho, não no fim do livro) por causa dos dois primeiros versos. O primeiro não

---

18. Essas revistas documentavam a fervilhação literária característica daquela época em que jovens poetas e prosadores se insurgiam contra o modernismo e buscavam novos caminhos estéticos. Em 1945, a publicação de *Ode e elegia*, de Lêdo Ivo, e *O engenheiro*, de João Cabral de Melo Neto, estabeleciam um novo divisor de águas na poesia brasileira. Coube ao poeta Domingos Carvalho da Silva, do grupo paulista da *Revista Brasileira de Poesia*, chefiado pelo poeta Eugênio Péricles da Silva Ramos, cunhar a expressão "geração de 45".
19. Esta carta não datada concentra-se em expor o processo de edição de *Acontecimento do soneto*.

está quebrado; na minha língua pelo menos: leio-o sem forçar, "can-ci-o-neiros". O segundo sim:

"em plena juventude eu me abrigo" tem somente nove sílabas. Por que v. não põe:

"em plena juventude eis que me abrigo"?[20]

Modifiquei ligeiramente o título do "Soneto matinal". Eu havia feito o esboço de página baseado neste esquema:

SONETO

de

ABRIL,

o que estava muito ótimo. Mas vem o "matinal" e me estraga o esquema. Por isso, pensei em chamá-lo:

SONETO

dito

MATINAL.

[20]. Ao contrário do que diz João Cabral de Melo Neto, o verso "em plena juventude me abrigo" tem dez sílabas, uma vez que entre "me" e "abrigo" há um hiato. Todavia, Lêdo Ivo preferiu modificá-lo. O verso, como figura no seu livro de sonetos, é "em plena juventude encontro abrigo". Esse soneto, que tantos cuidados mereceu de João Cabral, terminou sendo a peça de abertura do livro, e o editor excluiu o título ("Soneto de retorno") e o compôs em versalete, para diferenciá-lo dos demais e decerto para conferir-lhe um cunho programático bem visível. Ei-lo:

À doce sombra dos cancioneiros
em plena juventude encontro abrigo.
Estou farto do tempo, e não consigo
cantar solenemente os derradeiros

versos de minha vida, que os primeiros
foram cantados já, mas sem o antigo
acento de pureza ou de perigo
de eternos cantos, nunca passageiros.

Sóbolos rios que cantando vão
a lírica imortal do degredado
que, estando em Babilônia, quer Sião.

Irei, levando uma mulher comigo,
e serei, mergulhado no passado,
cada vez mais moderno e mais antigo.

CONSULADO GERAL DO BRASIL

Perdi, mais uma vez, seu endereço de Copacabana. T.

Meu caro Ledo,

Já comecei a fazer seu livro. Não lhe posso dizer quando o terminarei. Sim, que está ficando ótimo. A paginação muito me agrada e a impressão é, até agora pelo menos, a melhor conseguida por mim.

Deixei o soneto de retorno para imprimir no fim (no fim do trabalho, não no fim do livro) por causa dos dois primeiros versos. O primeiro não está pesado, na minha língua, pelo menos: leio-o sem forçar, "au-ci-o-neiros". O segundo sim:

"em plena juventude eu me abrigo" tem somente 9 sílabas. Porque V. não põe:

"em plena juventude eis que me abrigo"?

Modifiquei ligeiramente o título do "soneto matinal": eu havia feito o esboço de página baseado nete esquema:

SONETO
de
ABRIL,

o que estava muito ótimo, mas vem o "matinal" e me estraga o esquema. Por isso, pensei em chamá-lo:

SONETO
dito
MATINAL.

Dito aí, no sentido de chamado. Não é nenhuma invenção. Era uma moda de chamar no século do ouro espanhol. Também portuguê? Não sei.

Seu livro vai com uma vinheta preciosa. Um gravado popular catalão do século XVIII, representando uma mulher com um canteiro.

Lembranças especiais à família e aos amigos.

Um abraço do seu
José

Responda-me sobre o "eis que me abrigo". T.

Dito, aí, no sentido de *chamado*. Não é nenhuma invenção. Era uma moda de chamar no século de ouro espanhol. Também português? Não sei.

Seu livro vai com uma vinheta preciosa. Um gravado popular catalão do século XVIII, representando uma mulher com seu cântaro.

Lembranças especiais à família e aos amigos.

Um abraço do seu

João

Responda-me *about* o "eis que me abrigo".

J.

Barcelona
23 de outubro de 1948

Meu caro Lêdo,
aproveito a mala de hoje para lhe mandar rápidas notícias de seu livro. Já terminei, desde alguns dias, o texto, isto é, as páginas dos sonetos. Só me falta agora o que é de principio e fim: cortinar, portada, índice, justificação da tiragem etc. Creio porém que na próxima mala aérea lhe mandarei um exemplar já pronto.

A razão de meu abandono de seu livro nesses últimos dias está em questões de saúde. Ando nervoso, paulificado. Estou escrevendo um pequeno ensaio de 100 páginas sobre o pintor Miró[21] e isso me tem trazido na ponta dos nervos. Como é pesado escrever! Passo meses evitando esse incômodo mas acabo por cair nele.[22] Talvez o melhor seja não pensar. Porque se come-

---

21. A descoberta da pintura de Joan Miró foi um dos acontecimentos fundamentais do percurso poético de João Cabral de Melo Neto. A edição brasileira do seu ensaio foi publicada em 1952, na série *Os Cadernos de Cultura* do Serviço de Documentação do Ministério da Educação e Saúde.
22. Observe-se, neste passo da correspondência de João Cabral de Melo Neto – para quem o ato da escrita é "um peso" e "um incômodo" –, o contraste com a posição de Lêdo Ivo. Este sempre considerou a sua faculdade de escrever "uma alegria e uma felicidade". Para ele, essa efusão não colide com o fato de ser a poesia "uma operação etimológica, uma aventura lingüística" (*O aluno relapso*, 1991). Encara o poema como o resultado de um uso especial e até supremo da linguagem ou "um sortilégio organizado".

ça a pensar e a conversar coisas sobre um tio qualquer e quando essa coisa interessa, começam as insistências para que sejam escritas. Está claro que as pessoas que mais insistem são aquelas que têm um conceito jornalístico do ato de escrever.

Bem, então até a próxima mala. Lembranças nossas a Lêda e minhas da Patrícia. Do seu
João

Barcelona
13 de novembro de 1948

Meu caro Lêdo,
aqui vai o bicho.[23] Espero que satisfaça a v. o meu trabalho. Fico por isso, desde já, à espera de sua opinião, que, espero, não será tão lenta como o livro do Guillén (sabe que vou publicar um livro dele, chamado *Antologia nostálgica?*) que v. diz me haver mandado.

Os outros exemplares irão pelo correio marítimo. Como v. verá pelos selos deste envelope, não é brincadeira o porte: quase tão caro como o próprio livro.

Agora, a ver quando os navios entregarão seu livro a você. O do Manuel Bandeira tardou muito a chegar. Como há poucos navios e muita correspondência, os pacotes vão ficando na fila. Contudo chegarão.

Quando tenha os outros exemplares, devolva-me um com dedicatória. Pode fazê-lo pelo correio marítimo mesmo.

Lembranças nossas a Lêda, cujo nome vai sozinho, numa página branca, em raro destaque.

Receba um abraço de seu impressor e amigo
João Cabral

---

23. O "bicho" a que se refere João Cabral é a edição de *Acontecimento do soneto*.

Acha v. que algum editor daí se interessaria por publicar o meu livro sobre Miró?[24] Creio que o negócio é interessante, não pelo texto, mas pelos quadros desconhecidos e inéditos que o pintor me autorizou a reproduzir.

Barcelona
19 de novembro de 1948

Meu caro Lêdo,
aproveitando um rapaz que parte amanhã para o Rio, estou enviando 30 de seus livros.[25] Os outros 40 irão pelo Correio. Não quis atrapalhar demais o portador, confiando-lhe um volume maior. Peço que me acuse o recebimento deles, assim que isso aconteça. Os que vão pelo Correio demorarão um pouco mais: fazem fila no Correio daqui, à espera de navio e, no Brasil, à espera de carteiro. Mas com esses primeiros 30 exemplares, V. já pode ir matando a impaciência dos mais impacientes.

Recebi anteontem sua "Ode ao crepúsculo". Vi que V. não a publicou isoladamente. Em todo caso, reitero os pontos de vista de minha última carta, ainda não respondida por V. A leitura do livro me confirmou o que pensara ao conhecer os poemas saídos na *Revista B. de Poesia*.

Escreva-me. Agora que as relações "editoriais" chegaram ao fim, receberei mal qualquer silêncio.

Lembranças à família, e um abraço do
João Cabral

---

24. Foram infrutíferas as consultas feitas por Lêdo Ivo para que o livro de João Cabral sobre Miró fosse publicado no Brasil nas condições em que desejava o poeta – isto é, como livro de arte. O Serviço de Documentação do Ministério da Educação e Saúde, então dirigido por José Simão Leal, editou-o em sua série *Os Cadernos de Cultura*.

25. Trata-se da remessa de exemplares de *Acontecimento do soneto*.

Barcelona
[Sem data][26]

Meu caro Lêdo,
chegando agora a Barcelona – estava fora, gozando umas férias relâmpago – encontrei sua última carta. Suas últimas cartas, porque estava a me esperar, também, a que trouxe o aviador. Fiquei satisfeito por V. ter gostado da impressão do livro. Quanto aos erros de revisão, culpe minha distração pelos castelhanismos. Nos livros em castelhano tenho posto portuguesismos e assim a coisa se equilibra. Com relação, porém ao *de que o amor não prescinde*, estou quase seguro de que a culpa foi dos originais. Como ainda não estive em casa, não posso conferir essa afirmação.

O que V. me diz sobre o Prêmio Graça Aranha me comove, mais, muito mais pelo que ele contém de amizade dos amigos do que de glória literária.[27] V. que já tem uma penca dessas coisas deve conhecer a sensação que apenas imagino: a do vazio dessas mesmas coisas. Em todo caso, esse prêmio, pelo nome, pelo pessoal que o concede e pelos escritores já premiados é inegavelmente dos melhores que existem por aí. E ganhá-lo me comoveria.

Junto mando um exemplar – o único que possuo – de *Psicologia da composição*. Era destinado a Xavier Placer[28], mas o Correio devolveu-o, há já bastante tempo. O livro está estropiado, mas não há outra maneira. Peço-lhe contudo que diga ao dr. Renato Almeida que estou absolutamente certo de ter-lhe enviado um exemplar, por intermédio da mala do Itamaraty. Se antes de conhecê-lo pessoalmente eu lhe mandava meus livros, por que ia deixar de fazê-lo depois das ótimas amizades que fizemos no Itamaraty?

---

26. Esta carta não datada deve ter sido escrita em dezembro de 1948 ou começo de 1949.
27. O Prêmio Graça Aranha, criado em 1930, havia distinguido as estréias literárias de Rachel de Queiroz (*O quinze*), José Lins do Rego (*Menino de engenho*) e Jorge de Lima (*O anjo*). Em 1944, foi atribuído a *Perto do coração selvagem*, de Clarice Lispector. Quatro anos depois, era conferido a *As alianças*, o romance de estréia de Lêdo Ivo. Distinguido por esse prêmio – que, ao lado do Prêmio Felipe de Oliveira, era considerado um dos mais importantes do país –, Lêdo Ivo pensou em obtê-lo para João Cabral de Melo Neto, recorrendo especialmente ao apoio de um dos jurados permanentes, o escritor Renato Almeida (1895-1981), chefe do Serviço de Documentação do Ministério das Relações Exteriores, e seu antigo companheiro de redação de *A Manhã*. Mas o prêmio deixou de ser conferido, tornando infrutíferos os seus esforços.
28. Xavier Placer, escritor fluminense, autor do romance *A escolha* e do livro de contos *Doze histórias curtas*, entre outras obras.

Noutro dia lhe escreverei mais longamente. Apresso-me agora, para não perder a mala.

Lembranças a Lêda, e um abraço do
João

Barcelona
18 de janeiro de 1949

Meu caro Lêdo

respondo imediatamente à sua carta. Meus parabéns pelo seu prêmio.[29] Gostaria que v. acreditasse completamente nestes parabéns; asseguro-lhe que não estão, em nada, informados por qualquer dor de c...

O que v. me diz dos restantes livros me espanta. Vê-se que cada vez o Correio está pior. Essa coisa de comunicações é mesmo o maior inimigo deste seu amigo impressor. São uma séria ameaça ao Livro Inconsútil.

Vou mandar-lhe alguns livros de poetas novos daqui. O livro que v. me cita do Perez de Ayala, tanto quanto a obra do próprio autor, são desconhecidos para mim.[30] Como v. sabe, pouco leio novelas e a literatura espanhola é paupérrima nesse gênero. O que tenho lido tem sido: toda ou quase toda "novela picaresca", desde o *Lazarillo de Tormes* até Quevedo e as outras obras do gênero até o século de ouro. E dos modernos, Gabriel Miró (já o leu?), Valle-Inclán... quem mais?[31] Aqui, falam muito mal

---

29. Trata-se do Prêmio Graça Aranha, conferido a *As alianças*, seu romance de estréia.
30. Lêdo Ivo havia descoberto o romance *Belarmino y Apolonio*, de Ramón Pérez de Ayala, hoje considerado um dos grandes clássicos da ficção e da prosa espanhola no século XX. O seu entusiasmo o levou a chamar a atenção de João Cabral de Melo Neto, e não se cingiu a esse livro. Outras obras de Ayala, como *Troteras y danzaderas*, *Prometeo*, *Luna de miel, luna de hiel* e *Los trabajos de Urbano y Simona* foram também lidos por Lêdo e figuram em sua biblioteca.
31. Graças à indicação de João Cabral de Melo Neto, Lêdo Ivo familiarizou-se com as obras de Gabriel Miró – *El humo dormido*, *El abuelo del rey*, *Libro de sigüenza*, *Las cerezas del cementerio*, e tantos outros livros desse admirável artista de prosa espanhola –, incluindo-o no rol de seus autores favoritos. João Cabral enviou-lhe as *Sonatas*, de Ramón del Valle-Inclán, que se tornou, para sempre, um dos autores prediletos de Lêdo, que foi, ao longo dos anos, lendo a sua vasta e prodigiosa obra, tanto os romances como as peças de teatro. Seguindo a observação de João Cabral, Lêdo Ivo também se familiarizou com as obras de Pérez Galdós (o torrencial *Fortunata y Jacinta*, em quatro tomos, *Gerona* etc.) e José M. de Pereda (*Peñas arriba*, em dois tomos). Ampliando essa fase de intenso interesse pela literatura espanhola (que João Cabral de Melo Neto

dos romancistas espanhóis do século XIX: Galdós, Pereda, Valdés, a Pardo Bazán etc. O Blasco Ibáñez que já havia lido aí, e achado péssimo, me amedronta, como amostra.

Aliás em matéria de literatura espanhola, meu critério tem sido: dos primitivos até o século XVII, inclusive, e os posteriores ao 1898, os chamados "modernistas". O romantismo todo, à exceção de Bécquer, é chato.[32] E tudo quanto possível, poetas; poesia de preferência. Não sei se v. achará aí uma antologia publicada por Alberti[33], em Buenos Aires, e chamada: *Églogas y fábulas castellanas* (2 vols.). Recomendo-a. Recomendo-lhe nela: Pedro de Espinosa, Pedro Soto de Rojas etc. Isto é, os pouco conhecidos, porque dos muito conhecidos já não preciso falar.

Não tenho feito nada em poesia, senão traduzir poetas catalães. Que os há e muito bons. Espero algum dia reunir em volume todas elas, menos como *criação* literária do que como divulgação de uns poetas muito bons e muito simpáticos.[34]

No que tenho trabalhado é no livro sobre Miró. Eu o havia abandonado mas agora retomei o trabalho – para uma última escovadela. Creio que a coisa sairá boa. Ao menos é essa a opinião de um amigo de Miró, já que o pintor é tão sem estética que não sabe julgar. Basta dizer que agora se estão publicando em castelhano dois livros sobre o pintor. E nenhum desses dois será traduzido, a não ser o meu. Parece que farão uma edição em francês (na Suíça) e outra em Nova York (em inglês). Essas coisas são os planos do pintor. Eu não me meto nelas porque o que me preocupa agora é acabar o livro.

---

considerava a maior do mundo), Lêdo Ivo foi levado por seu amigo José Lins do Rego a ler e conhecer os ensaístas espanhóis, como Azorín e Unamuno, Ganivet e Leopoldo Alas. Em fase posterior, descobriria Antonio Machado, que se tornaria, entre os espanhóis do século XX, o seu poeta favorito, cabendo a Valle-Inclán a sua predileção no domínio da prosa e da ficção.

32. A presença dos poetas primitivos espanhóis, como Gonzalo de Berceo (*Milagros de Nuestra Señora*) e Arcipreste de Hita (*Libro de buen amor*), é marcante na poesia de João Cabral de Melo Neto, especialmente nos autos. Gustavo Bécquer (*Rimas, leyendas, cartas desde mi celda*) é o grande poeta do romantismo espanhol.
33. O poeta Rafael Alberti faz parte das leituras e admirações de João Cabral de Melo Neto. Todavia, o poeta espanhol por quem tinha maior admiração era certamente Jorge Guillén, com o "*riguroso horizonte*" de *Cántico*.
34. Projeto não realizado por João Cabral.

Esta carta, que ia ser rápida, estendeu-se demais. Responda-me com outra da mesma estatura. Nós dois reenveredamos a vocês e desejamos um ótimo 1949.

E um abraço afetuoso do
João

Barcelona
14 de dezembro de 1949

Meu caro Lêdo,
recebi há poucos dias seu belo *Cântico*.[35] Embora não esteja em condições de lhe dar outros adjetivos sobre ele, apresso-me em mandar este agradecimento. Creio que é o melhor de seus livros de poesia, e como a poesia é o melhor de V., creio que é o melhor de seus livros.

Vi com alegria que no Brasil a gente começa a se preocupar pelo livro como animal gráfico. Seu *Cântico* está cheio de acertos: a paginação, o tamanho do tipo etc. etc. É pena que se tenham descuidado da impressão. Há páginas cheias de tinta, outras quase borradas, letras quebradas etc. Mas, em geral, a impressão é *inmejorable* como dizem os espanhóis.

Ando ruinzinho de saúde estes dias. No dia 15 de novembro, faz exatamente um mês, agüentei uma operação na carótida; no dia 7 de dezembro, faz exatamente uma semana, agüentei outra em cima do olho esquerdo. O fim de ambas foi curar aquela célebre dor de cabeça. Mas ambas fracassaram e agora começo a juntar coragem para tentar outra.

V. pode imaginar como tudo isso me deixa: com um humor de *perro*[36], agravado pela decepção ao não me ver curado depois de cada uma das intervenções.

O meu ensaio sobre Miró está já impresso. A coisa complicou-se entre o editor e o editor de outras obras com desenhos e gravuras de Miró, por

---

35. *Cântico*, de Lêdo Ivo, foi publicado pela Livraria José Olympio Editora em 1951, com ilustração de Emeric Marcier.
36. Cachorro em espanhol.

causa do preço de venda. O editor daqui pensava vender + ou − a 10 dólares. Mas outros editores reclamaram porque acharam que essa barateza ia fazer concorrência aos preços fabulosos a que eles vendem as obras do pintor. E então o editor daqui vai ter de subir o preço para 100 dólares o exemplar, três contos mais ou menos, coisa que me prejudica: porque não havendo no Brasil ninguém que haja sequer sonhado em pagar esta gaita por um livro, o leitor que me interessa, o brasileiro, ficará sem o ler. Paciência. Isso acontece com quem nasceu num país sem esses hábitos de *alta cultura* (ou *alta costura*) burguesa.

Estou escrevendo um novo poema comprido.[37] Em janeiro vou fazer 30 anos e quero saber se poesia em mim era ou não enfermidade dos *twenties*.

Um grande abraço. Lembranças nossas para Lêda e garota.
João Cabral

Perdi, pela milésima vez, seu endereço particular.
J.

Barcelona
[Sem data][38]

Meu caro Lêdo,
recebo sua carta de 23 de abril e sua "Ode à noite". Obrigado por se ter lembrado do amigo. Creio que poucos já se lembram. E como os jornais – os poucos – que aqui chegam vêm com um ano de atraso, vivo completamente desligado daí.

Só recebo livros. Livros de jovens poetas. Mas a coisa recebida assim, sem conhecer a pessoa – sem saber muitas vezes, pelo nome, se é homem ou mulher – fica estranhamente nas nuvens: não convida absolutamente à leitura nem a um interesse maior.

---

37. Trata-se de *O cão sem plumas*, editado em sua prensa manual em 1950.
38. Esta carta não datada, deve ser de meados de 1949, quando Lêdo Ivo publicou no Suplemento Letras e Artes, de *A Manhã*, o poema "Ode à noite".

Vejo pela sua carta que v. continua um formidável trabalhador. Pela sua carta e pela sua ode. Aquelas estrofes em marcha batida, aquela massa de palavras me dá a entender que andou, ali por detrás, uma quantidade enorme de trabalho.

Eu é que continuo pouco trabalhador, como sempre. Esse ensaio sobre Miró me envenenou o prazer literário para durante uns 3 anos. O resultado é que o poema em que trabalho, o tal *Cão sem plumas* se arrasta. Não encontro em mim nenhum desses sentimentos que nos obrigam a enfrentar os trabalhos do trabalho de escrever. E como os ecos que recebo daí não me dão uma idéia muito favorável do momento atual da literatura (na verdade só pode ser sintoma de um péssimo momento a existência dessa horrível revista dos irmãos Condé[39]), vou ficando calado. Faço como o Joaquim Cardozo[40]: prefiro ler a contribuir para essa atmosfera.[41]

---

39. O *Jornal de Letras*.
40. Desde os seus tempos no Recife, João Cabral de Melo Neto admirava o poeta pernambucano Joaquim Cardozo (1897-1978), a quem se ligou logo após a sua chegada ao Rio de Janeiro. Integrante da equipe de Oscar Niemeyer, o engenheiro Joaquim Cardozo só publicou o seu primeiro livro, *Poemas*, em 1947, aos 50 anos de idade. A preponderante nota pernambucana e nordestina da poesia de Joaquim Cardozo, e ainda a sua condição de poeta/engenheiro, hão de ter repercutido fundamente em João Cabral. Em grau menor, Lêdo Ivo participava da sua amizade, e dele recebeu um bom estímulo. Em *O engenheiro*, o leitor pode ler o seguinte poema de João Cabral:

A JOAQUIM CARDOZO

Com teus sapatos de borracha
seguramente
é que os seres pisam
no fundo das águas

Encontraste algum dia
sobre a terra
o fundo do mar,
o tempo marinho e calmo?

Tuas refeições de peixe:
teus nomes
femininos: Mariana: teu verso
medido pelas ondas:

a cidade que não consegues
esquecer
aflorada no mar: Recife,
arrecifes, marés, maresias:

e marinha ainda a arquitetura
que calculaste:
tantos sinais de marítima nostalgia
que te fez longo e lento.

O livro sobre Miró se está encadernando. Infelizmente, não o poderei mandar aos amigos. Vai ser vendido tão caro e são tão poucos exemplares (125, em grande luxo) que eu me arruinaria se comprasse alguns para presente. Isso, quanto à edição original em português. Porque a edição francesa será popular e poderei me permitir o luxo de oferecê-la a alguns mais chegados. E entretanto gostaria que o conhecessem aí. Eis o problema.

Vou pedir que lhe entreguem um exemplar do *Cavalo* (que é uma revista que fazemos Alberto de Serpa e eu). É a última coisa que fiz. Há muito não trabalho na tipografia: preguiça, preocupação com as crianças, que a bronquite ataca neste fim de inverno, e sobretudo falta de interesse. Vou vivendo, na verdade, um período cuja epígrafe parece ser um enorme "nada adianta".

Lembranças nossas à Lêda. E um afetuoso abraço de seu
João Cabral

Barcelona
[Sem data][42]

Meu caro Lêdo,
uma carta rápida, para te pedir um favor. Estou – com uma preguiça que não compreendo – imprimindo lentamente um novo livrinho meu, *O cão sem plumas*. Trata-se de um poema só, uma espécie de evocação do Capibaribe.

---

41. João Cabral de Melo Neto possuía uma extraordinária capacidade de leitura, ao lado de uma grande curiosidade intelectual. Numa das temporadas no sítio São João, leu dezenas de romances de Camilo Castelo Branco e Aquilino Ribeiro, pelos quais manifestava a maior admiração. Compartilhava com Lêdo Ivo, desde a juventude no Recife, do interesse por dois romancistas católicos franceses, Georges Bernanos e François Mauriac, e costumava relê-los. Quando embaixador em Dacar, "devorou" mais de 50 romances de Balzac e, em seguida, os enviou para Lêdo Ivo. Eram *livres de poche*, a seu ver leituras mais cômodas e aprazíveis do que os volumes da Pléiade impressos em papel-bíblia.
42. Esta carta não datada é de 1950, ano da publicação de *O cão sem plumas* por O Livro Inconsútil, a prensa manual de João Cabral de Melo Neto. O poema assinala uma nova vertente (ou uma nova água) na criação poética de João Cabral de Melo Neto, que se voltou para a miséria das populações ribeirinhas do rio Capibaribe. *Morte e vida severina* (1965) representa o ponto mais pungente desse novo caminho poético, em que o popular e o erudito, o medieval e o moderno se fundem, num grande e lancinante poema que também é teatro. Graças a *Morte e vida severina*, João Cabral de Melo Neto conheceu uma notoriedade excepcional que merece ser chamada de glória.

O favor que peço é o seguinte: poderia v. me mandar o endereço desses jovens poetas que há por aí, para os quais todos v. é mestre e com os quais certamente se corresponde? Sei que há agora muitas revistas, até em Cataguases e Atibaia. Alguns me mandam livros ou revistas. Mas fico sem os endereços porque eu dou as revistas a ler a amigos daqui que não as devolvem ou perco os envelopes onde geralmente eles os escrevem. Ora, eu continuo a ser o mesmo poeta sem editor de sempre e por isso não posso esperar que o possível interessado nos meus livros os comprem nas livrarias, como acontece com V. O que tem de fazer esses poetas-distribuidores-de-seus-próprios-livros é buscar ser perfeito na distribuição.

Entre esses nomes, peço encarecidamente, o da gente do Rio e o da gente de Minas. Porque perdi-os completamente.

V. que tem feito? Escreva-me, dizendo alguma coisa. Li não sei onde que V. foi a São Paulo fazer conferências. Conte-me disso. Não me estendo mais porque me dói a cabeça.[43] Me dói ainda daquela mesma dor que me doía aí.

Um abraço afetuoso para a família de seu
João Cabral de Melo

Barcelona
19 de agosto de 1950

Meu caro Lêdo,
muito obrigado pelas informações de sua carta. Usarei e abusarei do oferecimento que me faz.[44]

---

43. A vida inteira João Cabral de Melo Neto foi perseguido por uma dor de cabeça que o obrigou a fazer várias operações. Ele contou a Lêdo Ivo que um grande médico europeu, ao examiná-lo, sustentou o diagnóstico de que essa dor de cabeça era imaginária, uma criação de sua mente. Lembra-se ainda que, na obra poética de João Cabral, há um poema dedicado à aspirina, que costumava ingerir diariamente, em quantidades às vezes generosas. Ele se queixava a Lêdo Ivo de sentir uma angústia permanente, responsável por noites de insônia. Talvez buscasse no convívio com o amigo a alegria e uma visão irônica da existência que lhe faltavam. Aliás, a propósito da angústia cabralina, cabe citar aqui uma maliciosa anotação de Lêdo Ivo no livro *O aluno relapso* (1991): "Só para me causar inveja, João Cabral se queixa de angústia. Ele sabe que pertenço a uma outra família espiritual: a dos que dormem a sono solto dez horas por noite, e jamais são salteados pela insônia. Os deuses avaros não me cumularam com o sentimento de angústia".
44. Lêdo Ivo tinha se oferecido para proceder à distribuição de *O cão sem plumas* entre os críticos, colunistas literários e escritores – e especialmente entre os poetas jovens.

Em agradecimento, e já que V. se manifestou curioso do cachorro[45], mando-o voando. Os outros irão depois, em passo mais lento.

Lembranças à Lêda e à jovem Patrícia.

E um abraço afetuoso do
João

Barcelona
31 de agosto de 1950

Meu caro Lêdo,

há 3 ou 4 dias mandei para V., de avião, uma carta e um exemplar de *O cão sem plumas*. Descobri hoje que em lugar de rua Francisco Otaviano escrevi Ferreira Viana. Não estou muito certo do erro. Mas como tenho desconfianças, faço-lhe nova carta e mando outro exemplar. Se houve engano no meu engano, leia as duas cartas e dê de presente o livro a alguém que se interessa por ele.

A carta – a tal carta – lhe comunicava a partida dos livros, a bordo de um navio italiano. Dentro de uns 15 dias V. os receberá. Encarreguei meu sogro de ir apanhá-los na agência do navio e mandar entregá-los em seu apartamento. Talvez V. encontre demasiado trabalho.[46] Peço-lhe que não se zangue e distribua os livrinhos. Pouco a pouco que seja. Porque não tenho o endereço dessa gente e minha próxima partida para Londres me impede de fazer de outra maneira.

Outro assunto, não tratado na outra carta. Está-se organizando aqui na Espanha uma importantíssima antologia brasileira traduzida para o castelhano.[47] Está dirigida pelo Renato Mendonça, que fixou a nós dois como re-

---

45. O cachorro é *O cão sem plumas*.
46. Coube a Lêdo Ivo providenciar o envio de algumas dezenas de exemplares de *O cão sem plumas* a amigos de João Cabral e a críticos e colunistas literários.
47. A *Antologia de 1ª poesia brasileña*, como introdução a traduções de Renato Mendonça, foi publicada em 1952 pelas Ediciones Cultura Hispánica, de Madri, num volume de mais de 300 páginas, e oferecia ao leitor de língua espanhola um vasto painel da nossa poesia, desde Gonçalves Dias até o modernismo. Conforme informava João Cabral, ele e Lêdo Ivo foram os dois poetas da nova geração nela incluídos.

presentantes dos mais novos. Fui procurado pelo tradutor, que buscava seus livros e que, depois de lidos, veio perguntar-me o que devia publicar. Achou que V. era todo igualmente antológico e que sua poesia era toda igualmente traduzível. Transfiro a V. a pergunta. Que prefere que se publique? Diga-me com urgência. Para seu governo informo que pode contar com textos de 5 a 10 páginas. Basta que me indique os poemas e o nome do livro. Como tenho comigo todos os seus, darei cópia dos textos ao tradutor.

Paro aqui. Responda-me com urgência.

E receba um afetuoso abraço do

João

Londres
17 de outubro de 1950

Meu caro Lêdo,
aqui vamos, nesta Londres dos romances policiais. Estou ainda sozinho. Vim na frente, para arranjar casa, e agora que já a tenho, vem a família.

Londres é tudo o que a gente está acostumado a dizer: enorme, movimentadíssima etc. Só que é também uma cidade belíssima. Coisa que nunca se ouve dizer, que foi uma verdadeira surpresa para mim.

Estou ainda em hotel, levando essa vida de meio-de-rua que detesto, comendo em restaurante, indo a cinema à falta de "lar" onde ficar etc. etc. Tudo isso se reflete em mim e fico incapaz: de ler, de pensar, de escrever para os amigos.

Desculpe, por isso, este bilhete. É mais um golpe para provocar uma resposta sua, uma carta qualquer, que me fará sentir menos no meio-da-rua, quase como se já estivesse instalado, vivendo vida normal.

Um abraço afetuoso do

João

Renato Mendonça era diplomata de carreira e chegou a embaixador. Filólogo e biógrafo, é autor de dois clássicos de nossa brasiliana: *A influência africana no português do Brasil* e *O barão de Penedo*.

Brazilian Consulate General,
Aldwych House,
London, W.C.2.

17. X. 1950

Meu caro Ledo,

aqui vamos, nesta Londres dos romances policiais. Estou ainda sòzinho. Vim na frente, para arranjar casa, e agora que já a tenho, vem a família.

Londres é tudo o que a gente está acostumada a dizer: enorme, movimentadíssima, etc. Só que é também uma cidade belíssima. Coisa que nunca me ouve dizer, que foi uma verdadeira surpresa para mim.

Estou ainda em hotel, levando essa vida de meio-da-rua que detesto, comendo em restaurante, indo a cinema à falta de "lar" onde ficar, etc, etc. Tudo isso se reflete em mim e fico incapaz: de ler, de pensar, de escrever para os amigos.

Desculpe, por isso este bilhete. É mais um golpe para ~~essa~~ ~~possibilidade de~~ provocar uma resposta sua, uma carta qualquer, que me fará sentir menos ao meio-da-rua, quasi como se já estivesse instalado, levando vida usual.

Um abraço afetuoso do
Dri.

Londres
28 de novembro de 1950

Meu caro Lêdo,
acabo de receber sua carta. Muito obrigado pelo artigo de João Gaspar Simões e pelo interesse que V. está tomando para que este seu amigo ganhe um prêmio qualquer. Peço que V. não fique zangado com o que vou dizer, V. tão freqüentemente premiado: eu não creio absolutamente em prêmios literários.[48] Sempre que há uma coisa dessas, já o candidato está escolhido. V. dirá que não, que os juízes são desconhecidos etc. etc. Eu acredito em tudo. Mas o que eu quero dizer, ao falar de "predestinação" desses prêmios é que cada pessoa tem sempre na cabeça um amigo a quem daria um prêmio, se fosse escolhido para membro de algum júri – compreende? Como não creio ter amigos neste caso – à exceção de V.; e mesmo se V. fosse escolhido, isso me valeria um voto somente – prefiro não concorrer.

Talvez V. ache que minha recusa é ditada pela vaidade. Não poderia negar completamente isso. Mas posso dizer também – e esse outro motivo é mais consciente – que outra razão que me leva a não aceitar seu convite amigo é pensar que não estou compreendendo muito bem o que vai pela literatura brasileira neste momento. Quando vejo que o Carlos Drummond escreve sobre Alphonsus de Guimarães Filho passo a não compreender mais nada.[49] E a me sentir deslocado, fora de tudo. Porque se poesia

48. A inapetência de João Cabral pela conquista de prêmios literários, aqui proclamada de modo tão veemente, não haveria de constituir uma atitude inabalável. Quatro anos depois, em 1954, ele se candidatou ao Prêmio José de Anchieta (de poesia), do IV Centenário de São Paulo, com *O rio*. Foi premiado. No ano seguinte, inscreveu-se para concorrer ao Prêmio Olavo Bilac, da Academia Brasileira de Letras, com o volume *Poemas reunidos* (edição Orfeu), com os seus livros até então publicados. Também foi premiado. Ao longo de sua trajetória poética, João Cabral foi distinguido com prêmios prestigiosos, inclusive o Prêmio Rainha Sofia, conferido pelo governo espanhol.
49. O poeta mineiro Alphonsus de Guimaraens Filho, alvejado nesta carta por João Cabral – de forma tão agressiva e intolerante, como se a poesia fosse uma estrada de mão única, e despojada das diferenças que a enriquecem –, desde sua estréia em 1948, com *Lume de estrelas*, até os dias atuais, figura entre os principais poetas brasileiros. Sua obra vasta e que se destaca pela sua densidade lírica, tem recebido um reconhecimento crítico que vai de Mário de Andrade, Manuel Bandeira e Carlos Drummond de Andrade a Wilson Martins. Entre os seus livros destacam-se, além do mencionado acima, *A cidade do sul* (1948) e *O mito e o criador* (1954). A sua poesia completa foi editada recentemente (*Só a noite é que amanhece*. Rio de Janeiro: Record, 2003). Quanto ao artigo de Carlos Drummond de Andrade que suscitou a ira de João Cabral, ele pode ser lido em *Passeios na ilha* (Rio de Janeiro: Record, 1952).

é o que A. de Guimarães Filho faz, o que eu faço não o é. Me entende? Pois é dessa coisa (que o A. de Guimarães é capaz de despertar) que eu sou incapaz. Num concurso desses, cada um vota no *seu* poeta, i. é, no poeta cuja poesia esse *um* ama. Coisa que nunca passa comigo, capaz, apenas, e às vezes, de ser admirado, i. é, incapaz de ser *o poeta* de alguém.

Conversei demais e não sei se me fiz entender. Eu já havia recebido outro convite para participar desse concurso, e ao qual respondi com um não lacônico. A V. me senti obrigado a dar as razões.

Meus parabéns pela vista de que deve estar desfrutando nessa invejável baía de Botafogo. Guarde-a até minha ida para o Brasil porque quero participar também dessa paisagem. E meus parabéns pelo aumento da família. Lembranças nossas à Lêda. E mande suas ordens. De livros, revistas, do que quiser.

Grande e afetuoso abraço do
João

Londres
11 de dezembro de 1950

Meu caro Lêdo,
estou é escrevendo para pedir um grande favor. Como V. sabe, sou funcionário público, Diplomata classe K. Pois bem: gostaria de, valendo-me dessa qualidade, comprar um apartamento no Ipase.

Sei que V. está no Ipase. E que com você estão outros bons amigos meus, como o Eustáquio Duarte, Otacílio Alecrim, o Ruy Coutinho, o Cyro dos Anjos etc. Seria possível coordenar todas essas influências para que este seu amigo tenha onde abrigar-se quando voltar para o Rio.[50]

---

50. Lêdo Ivo conseguiu que um dos apartamentos do edifício Júlio de Barros Barreto, então na rua Farani – um projeto arquitetônico dos irmãos M. M. Roberto, e cuja construção estava sendo ultimada –, fosse destinado a João Cabral. Apoiou-o nesse pleito o romancista José Lins do Rego. Nesse edifício, hoje situado na rua José Fernando Ferrari, 61, como decorrência da modernização urbanística da área, Lêdo Ivo reside desde 1951. O apartamento adquirido por João Cabral de Melo Neto, e seu endereço no Brasil até mudar-se para a praia do Flamengo, pertence a seus herdeiros.

Concretamente, necessito saber:

a) se posso fazer o negócio;

b) o que devo fazer;

c) se posso contar com a ajuda daqueles amigos;

d) se posso contar com o seu interesse de coordenador.

O que sei a respeito deste gênero de negócios é:

a) que o Ipase, normalmente, financia determinado número de compras de casa;

b) que os pedidos têm de ser feitos até março (que data exatamente? e em que fórmulas tem de ser feito o pedido?);

c) que é necessário indicar a casa que o funcionário quer comprar. Sobre este último item, devo esclarecer que necessito saber *até que preço o Ipase me autoriza a comprar a casa*, cálculo que é feito aí, segundo o ordenado do freguês, o tempo de serviço público etc. etc. Depois de saber isso, então, vou botar umas pessoas em campo para que me descubram uma casa dentro de minhas possibilidades, agradecendo desde já a V. qualquer sugestão de apartamento que V. conheça etc. etc.

Poderia V. tomar essas providências para mim? Com o seu dinamismo, acho que não lhe será impossível.

Aguardo suas notícias. De outra vez, falarei menos de negócios. Lembranças à Lêda e grande abraço de seu

João (VIRE)

N.B. A minha pressa justifica-se pelo fato de que eu necessito entrar com minha petição no princípio de 1951, não sei bem até que dia.

João

Londres
[Sem data, 1951]

Meu caro Lêdo,
pondo um pouco de ordem nas gavetas, descobri que, em sua carta de 22 de novembro, já respondida aliás, V. anuncia para fevereiro o nascimento de novo rebento.[51] Como já estamos em junho e não chegaram notícias, adianto-me a pedi-las, esperando que o rebento já tenha rebentado na vida e arrebentado algumas mamadeiras e pratos. Conte de tudo isso.

E de livros, que? Será que v. está aderindo ao grupo dos poetas paupérrimos, menos que bissextos, capazes apenas de um livrinho de 40 páginas (30 em branco) cada dois anos? Sei que v. é homem de grande rendimento e só atribuo o silêncio a esquecimento do amigo ou à falência dos editores nacionais.

Recebi uma vez, aqui, um suplemento do *Diário de Notícias*. A literatura é metida de *sandwich* entre uma primeira página de propaganda de guerra e outras de louvor à economia americana. Não sei se ela resistirá à vizinhança.

Conte dos amigos. E diga o que deseja daqui.
Lembranças nossas à Lêda. E um abraço afetuoso de seu amigo
João Cabral de Melo

Londres
25 de junho de 1951

Só agora vejo que ontem deve ter sido dia de São João
Meu caro Lêdo,
v. é fabulosamente pontual. Tão, que não posso deixar de passar nem um minuto e já estou respondendo a sua carta. Meus parabéns pela Maria

---

51. Esta carta não datada é de junho de 1951. O novo rebento a que alude João Cabral de Melo Neto é Maria da Graça, a segunda filha de Lêda e Lêdo Ivo.

da Graça.[52] Gostei imensamente do nome no singular. Isola o nome de qualquer relação com santos, nossas senhoras e favores de ministro. Graça situa a pessoa noutro plano, em plena Sevilha, por exemplo, com Niña de los Peines cantando uma *bulería* e Manolo Gonzalez toreando também por *bulerías*. Recomendo a V. que leia e ensine a Maria da Graça uns pequenos poemas de Rafael Alberti, não sei se em *Pleamar* ou *Entre el clavel y la espada*, onde é questão desse estranho fluido.

Agora, passo a responder e a perguntar:

— quem é meu primo chefe de gabinete do Ipase? Há esperanças para mim, que só tinha a promessa e não contrato assinado?

Aguardo: *Ode equatorial*
         Linguagem
         Acontecimento do soneto[53]
Aguardo: *Panorama da nova poesia brasileira*[54]
Aguardo: *Cassiano's books*.[55]

É difícil dizer a quem gostaria de apresentar. Sentimentalmente, Carlos Drummond (embora pouca coisa interessante pudesse dizer sobre ele); tecnicamente, Murilo Mendes; "filosoficamente", Vinicius ou Manuel Bandeira; e assim por diante. Mas nenhuma das coisas que eu poderia fazer teria importância e por isso seria melhor que eu fique de fora. Sinceramente.

O que tenho feito em Londres tem sido: comparecer ao Consulado, viajar na cidade (de um a outro bairro é uma viagem), ler e ir a cinema (não a cinema, mas a clubes de cinema, ver essas coisas fabulosas do cinema, de

---

52. Maria da Graça, a segunda filha de Lêda e Lêdo Ivo, nascida em 29 de janeiro de 1951. O nome, que tanto agradou a João Cabral, foi escolhido por Manuel Bandeira.
53. O poema de Lêdo Ivo intitulado *Ode equatorial* foi publicado em 1951, em tiragem limitada, pelas Edições Hipocampo, do poeta Thiago de Mello, e *Linguagem*, também daquele ano, pela livraria José Olympio Editora. Quanto a *Acontecimento do soneto*, trata-se de uma edição comercial, acrescida do poema "Ode à noite", e lançado no mesmo ano pela editora Orfeu.
54. Trata-se da antologia publicada pelo poeta Fernando Ferreira de Loanda pela Orfeu, editora especializada em livros de poesia da nova geração.
55. Livros do poeta Cassiano Ricardo, um dos expoentes do modernismo, e que se destacava então pela renovação de sua poesia e aproximação com os jovens poetas.

que se ouve falar aí no Brasil sem possibilidade de conhecer). Poesia não tenho escrito; só, chocado. Por isso não mando nada. E uma última resposta: não, ninguém me manda recortes das chuvas de elogios porque não há tais chuvas.[56] Minha poesia é um verdadeiro Ceará. Lembranças a Lêda e um afetuoso abraço de seu
João

Quando começar a procurar genros lembre-se de que tenho dois filhos varões.
J. C.

Londres
25 de julho de 1951

A primeira parte desta carta foi escrita há dias.[57] Tanta coisa tem havido desde então que não a pude continuar.

Não sei se poderei fazer o estudo sobre o Carlos Drummond. Na verdade, escrever prosa não me seduz nada, menos ainda do que poesia. Mas acontece que a prosa, para mim, é ainda mais trabalhosa. Acresce o fato de que o Carlos, poeta que, v. sabe, muito me tem influenciado, é o poeta sobre o qual tenho mais dificuldade de falar "tecnicamente". E sentimentalmente, não interessa que eu fale: nem a ele, nem a mim, nem à coleção. Porque o Cassiano Ricardo não encomenda o prefácio ao Domingos Carvalho da Silva, por exemplo?[58]

V. diz que está aperfeiçoando o inglês, fala dos poetas ingleses e não encomenda nada. Será que nossas livrarias agora estão mais bem nutridas?

Fico por aqui porque o trabalho hoje está enorme.

---

56. João Cabral começava a ser descoberto e louvado pela crítica e suplementos literários.
57. As páginas iniciais desta carta se extraviaram.
58. Trata-se do projeto de uma coleção de poetas brasileiros contemporâneos (no molde de coleção *Poètes d'Aujourd'hui*, do poeta e editor francês Pierre Seghers) que o poeta e acadêmico Cassiano Ricardo, então diretor da editora A Noite, idealizara. Esse projeto não foi avante, pois, em fins de 1952, Cassiano Ricardo foi designado, pelo governo Vargas, para ser o chefe do Escritório Comercial do Brasil em Paris.

Lembranças a Lêda e um abraço afetuoso de
João

Vejo num artigo desse feiíssimo *Jornal de Letras*[59], que o nosso Willy[60] é uma das pessoas que mais freqüentam as rodas literárias. Lembro-me de que quando ele veio para o Rio, a primeira coisa que me disse, no aeroporto ainda, foi a de que não queria freqüentar literatos, julgando talvez que então eu não fizesse outra coisa. Mas ao que parece, por mais que eu os tenha freqüentado, o *record* atual de nosso amigo me deixa muito longe.
J.

59. O mensário *Jornal de Letras* era dirigido pelos irmãos José, João e Elísio Condé.
60. Do poeta e ensaísta pernambucano Willy Lewin (1908-1971), deve-se dizer que foi o mestre incontestável de João Cabral de Melo Neto e de Lêdo Ivo quando estes viviam o momento inaugural de suas aparições literárias. Ele abriu para ambos a sua biblioteca, na qual figuravam numerosos expoentes das literaturas inglesa e francesa, como Joyce, D. H. Lawrence, Paul Valéry, Paul Claudel, Kafka (*A Metamorfose* acabava de ser publicado na Argentina em tradução espanhola), François Mauriac, Georges Bernanos, e muitos outros. Os poetas surrealistas franceses, como Breton, Cocteau, Desnos e Aragon, eram especialmente apreciados por Willy Lewin – e ele transmitiu esse contágio aos dois poetas iniciantes: *Pedra do sono* (1942), de João Cabral, e *As imaginações* (1944), de Lêdo Ivo, obras de estréias, ostentam a marca ou passagem do surrealismo. Judeu católico, Willy Lewin tinha grande admiração por Jorge de Lima, Murilo Mendes e Augusto Frederico Schmidt, sentimento que também envolveu o grupo literário que ele ostensivamente liderava. Esse grupo reunia-se quase todas as tardes no Café Lafayette, no centro do Rio, travando conversas intermináveis sobre poesia e literatura – e esse diálogo ininterrupto terminaria culminando na realização do Primeiro Congresso de Poesia do Recife, em 1941, promovido por ele e pelo pintor e poeta Vicente do Rego Monteiro. Em 1944, Willy Lewin deixou Pernambuco e veio morar no Rio de Janeiro, passando a colaborar em jornais e revistas, e escrevendo notadamente sobre matérias de sua especialidade: poesia e literatura estrangeiras. Durante muitos anos, colaborou no célebre Suplemento Literário de *O Estado de S. Paulo*, criado por Décio de Almeida Prado e Antonio Candido, ocupando-se de literatura em língua inglesa. A crítica às freqüentações literárias de Willy Lewin, nesta carta, representa apenas um instante malicioso na amizade de ambos. Em vários depoimentos, em seus dias de glória, João Cabral reconheceu a sua dívida intelectual em relação ao mestre antigo e incomparável. No poema "A Willy Lewin morto", que figura em *Museu de tudo* (1975), livro de poemas dedicado a Lêdo Ivo – ele assim celebra:

Se escrevemos pensando
como nos está julgando
alguém que em nosso ombro
dobrado, imaginamos,

e é o primeiro que assiste
ao enredado e incerto
que e como no papel
se vai nascendo o verso,

e testemunha o acaso
de quem está no estado
do arqueiro quando atira,
mais tenso que seu arco,

Londres
24 de setembro de 1951

Meu caro Lêdo,
seu livro coincidiu com a gripe que me anuncia normalmente a mudança de estação. Por isso não escrevi antes. E por isso não escrevo mais do que um bilhete para agradecer a remessa de *Linguagem*[61] e a colocação de meu nome na dedicatória da 1ª parte. Muito obrigado por tudo. Seu livro – que é de longe o mais importante que v. publicou – me deixou impressionado. De todos os seus livros, é aquele em que v. mais se inova. E creio que é aquele que anuncia o que será sua maturidade. Quero dizer sua poesia futura.

Estou escrevendo com a mesa em tal confusão de papelório que até a letra sai pior. Espero que v. compreenda e me perdoe.

Na primeira folga escreverei com mais vigor e menos gripe.

Lembranças em casa. Seu de sempre

João

Londres
15 de outubro de 1951

Meu caro Lêdo,
a gripe já passou, sim. E por falar em gripe, a minha literatura é como minhas gripes: nem durável nem irradiante. Por isso não vejo com clareza o projeto do Fernando Ferreira de Loanda. Minhas dúvidas são as seguintes:

foste ainda o fantasma
que prelê o que faço,
e de quem busco tanto
o sim e o desagrado.

61. *Linguagem*, de Lêdo Ivo, foi publicado pela Livraria José Olympio Editora, em 1951.

Meu caro Red,

seu livro coincidiu com a gripe que me
anuncia anormalmente a mudança de estação.
Por isso não escrevi antes. E por isso, não
escrevo mais do que um bilhete para agradecer
a remessa de Linqueben e a colocação de
meu nome na dedicatória da 1ª parte. Muito
obrigado por tudo. Seu livro — que é de
longe o mais importante que V. publicou —
deixou-me impressionado. De todos os seus livros, é
aquele em que V. mais se inova. E creio
que é aquele que anuncia o que será sua
maturidade, quero dizer sua poesia futura.

Estou enojado com a nova empresa
impressora de papelaria que até a letra escureceu
pior. Espero que V. compreenda e me perdoe.

Na primeira folga escreverei com mais
vagar e menos gripe.

Lembranças em casa. Seu de sempre
JRS

Londres, 24. IX. 951

– Será que há interesse em publicar aquelas coisas?[62] Será que o nosso amigo, tão bem intencionado, não vai arruinar-se?

– Eu tenho de pagar a edição? (O que, imediatamente me seria difícil, mas possível, mais adiante)

Responda-me *about*. Eu, na verdade, não sei o que pensar. O que eu fiz não é mais o que me interessa continuar fazendo. Não é mais o que farei. Por isso, a partir daqui, bifurcam-se duas questões. Essa atitude justifica ou não justifica a publicação de toda essa versalhada defunta? Para mim as duas hipóteses estão empatadas. Porque tenho igual número de argumentos a favor ou contra cada uma. Vamos ver se v. desempata o jogo. Eu, por meu lado, vou pensar. Mas em todo caso e desde já, muito obrigado. A você e ao Fernando Ferreira de Loanda.

(Li num jornal do Brasil alguma alusão a respeito de uma briga em Orfeu? Que foi que houve mesmo?)

Agora vou lhe explicar uma coisa de meu apartamento, para o qual, oportunamente, vou pedir seu pistolão.[63] O negócio está fechado. V. sabe, ficamos seis meses pagando aluguel, e depois passam a escritura. Muito bem. Não me importa pagar durante os seis meses o aluguel. Mas será que depois não poderei alugar o apartamento, até minha volta para o Brasil? Ainda não levantei a lebre porque posso me arriscar a perder tudo. Mas creio que depois de passada a escritura, levando-se em conta que pertenço à carreira diplomática, posso pleitear esse preço. Qual é sua opinião sobre o caso?

Vou mandar para v. dois livros de William Sansom e dois de Doris Lessing. Esta última me dizem ser interessantíssima. Começo a ler hoje. E dentro de duas semanas mandarei os dela. Os outros vão amanhã.[64]

---

62. O primeiro livro de João Cabral, *Pedra do sono*, publicado no Recife em 1942, saiu graças à generosidade paterna. Em 1955, o poeta Augusto Frederico Schmidt criou uma editora Os Amigos da Poesia, destinada inicialmente a publicar dois livros de jovens poetas: *O engenheiro*, de João Cabral, e *Ode e elegia*, de Lêdo Ivo. Só o primeiro foi por ele custeado, uma vez que Lêdo preferiu pagar, de seu próprio bolso, o *Ode e elegia*, editado pela Pongetti. *Psicologia da composição* (1947) e *O cão sem plumas* (1950) saíram de sua prensa manual, em Barcelona. Contemplado com o Prêmio José de Anchieta, *O rio* foi editado pela comissão do IV Centenário de São Paulo. Em 1951, empenhado em difundir a poesia de seu amigo, Lêdo Ivo propôs a Fernando Ferreira de Loanda que editasse num volume os livros de João Cabral até então lançados em pequenas tiragens fora do comércio. Aceita a sugestão, Lêdo comunicou João Cabral.
63. Trata-se do apartamento do edifício Júlio de Barros Barreto, já mencionado em carta anterior.
64. João Cabral abastecia Lêdo Ivo de livros ingleses, especialmente de autores novos e em processo de reco-

Grande e afetuoso abraço. E lembranças para a vizinha. Seu
João Cabral

Londres
29 de outubro de 1951

Meu caro Lêdo,
estamos que nem jogadores de *ping-pong*. Respondendo na batata. Sua carta chegou esta manhã e agora, três da tarde, eis-me no batente de resposta em punho.

Peço que diga ao Fernando F. de Loanda que aceito e agradeço a proposta. Vou dar uma releitura nos livrinhos velhos, vou copiar – não sei se terei coragem – as coisas velhas e vou começar a pensar numa explicação que meterei como prefácio – a fim de me desolidarizar com certas coisas. Também vou ver se consigo terminar uma coisa que estou fazendo sobre a Espanha. Gostaria de botá-la no fim, como coisa inédita. De certo modo ele termina um tipo de coisa que comecei em 1940 e publicar toda essa coisa junta é como lavar a alma para novas aventuras.

Vou continuar calado, sim, no negócio do apartamento. Depois da escritura definitiva é que levantarei a lebre. Você pergunta se iria alugar por mais. Não, exatamente pelo preço que o Ipase me cobra. Não, não tenho parentes. Mas poderia arranjar colegas, gente de arribação como eu.

Os livros de Sansom que mandei foram a *Face da inocência* e o *Equilibriad*.[65] Vejo que v. já conhece o primeiro. Pode passá-lo adiante. O segundo, como é edição dedicada e de luxo, peço que guarde até minha volta.

---

nhecimento. Além de William Sansom e Doris Lessing, outros escritores suscitavam a atenção e o interesse de ambos. Era o caso de Denton Welch, morto aos 31 anos de idade e autor de *The maiden voyage*, livro que João Cabral e Lêdo Ivo consideravam magistral, e do romance *A voice through a cloud*.

65. Lêdo Ivo já havia lido *The face of innocence*, adquirido numa livraria inglesa do Rio. O outro livro de Wiliam Sansom referido por João Cabral é *The equilibriad*, que o autor classificou de "*nouvella*". Além desses dois livros, João Cabral e Lêdo leram outras obras de Sansom, como o romance *The body* e a coletânea de contos *Fireman flower*.

V. já leu o Wilfred Owen, poeta inglês que morreu na guerra de 1914? É qualquer coisa que merece a pena.

E, para terminar, viva o *script-writer*.[66] Estou curioso para saber a idéia e o resultado. V. precisa de alguma orientação sobre a técnica de escrever essas coisas? Pergunto porque vi por acaso numa livraria diversos livros sobre como escrever *scripts* cinematográficos.

Lembranças à Lêda. E um afetuoso abraço do
João

Londres
24 de novembro de 1951

Meu caro Lêdo,
desde que recebi sua última carta entrei em brios e resolvi reaver o tempo perdido. Aqui vai o bruto[67], que aliás não ficará tão volumoso como ficarão as poesias completas de um amigo que conheço.[68]

O nome fica provisoriamente *Poesias*. Se dentro de poucos dias achar outro escreverei imediatamente. Em geral a portada é a última coisa que se faz num livro.

---

66. Em 1951, o cineasta Alberto Cavalcanti voltou ao Brasil após ter se projetado na Europa como diretor de filmes hoje considerados clássicos. Pelo governo brasileiro, fora-lhe confiada a tarefa de implantar uma indústria cinematográfica nacional, mobilizando vocações dos mais variados setores, desde produtores a artistas e escritores. Convidou então Lêdo Ivo para ingressar na sua equipe, na condição de autor de roteiros, apontando-lhe o exemplo de escritores norte-americanos, como William Faulkner e Scott Fitzgerald, que também haviam escrito para o cinema. Com Alberto Cavalcanti, Lêdo Ivo aprendeu a redigir roteiros. O primeiro resultado foi *Tiro e queda*, incluído em sua programação. Após vários conflitos e desentendimentos, Alberto Cavalcanti encerrou o seu trabalho – episódio já recolhido em biografias do grande cineasta e em pesquisas sobre a sua temporada brasileira – e voltou para a Europa. O roteiro de *Tiro e queda* foi, anos depois, convertido por Lêdo Ivo no romance *O sobrinho do general*. Sublinhe-se ainda que o contato com Alberto Cavalcanti e as lições dele recebidas foram altamente proveitosas para Lêdo Ivo, que as canalizou para a sua arte literária. A técnica do *camera eye* é fartamente utilizada em sua ficção, notadamente nos romances *Ninho de cobras* e *A morte do Brasil*. E em Paris, nos anos de 1953 e 1954, Lêdo Ivo tornou-se assíduo freqüentador de cinematecas.
67. São os textos que haveriam de compor o *Poemas reunidos*.
68. Profeticamente, João Cabral prevê a edição, em 2004, do *Poesia completa* (Rio de Janeiro: Topbooks), de Lêdo Ivo, com as suas 1.100 páginas.

Tirei de *Pedra do sono* seis poemas que me pareciam *hopeless*. Tirei também todos os títulos que não ajudavam nada. Aquele livrinho mais do que um livro de poemas é uma atmosfera e os títulos atrapalhavam um pouco a apreensão dela. Depois de *P. do sono* incluí "Os três mal amados", não publicado em livro nunca – só na *Revista do Brasil*. Que, aliás, – e antes que v. me diga, digo eu – depois fechou. Como é o troço mais lírico que escrevi, sua inclusão além de aumentar o *mince*[69] volume vai mostrar a algumas pessoas que este seu amigo não é tão seco como parece. Do *Engenheiro* nada a dizer – a não ser que mudei, como em todos aliás, uma palavra aqui e ali. Na "Fábula de Anfion" acrescentei umas legendas à margem; na "Antiode" um subtítulo; e no "Cão sem plumas" títulos aos capítulos. As interpretações que algumas pessoas deram desses poemas foram tão fabulosas que achei melhor esclarecer a coisa. Não creio que com isso venham a gostar dos poemas. Mas em todo caso, com isso não se extraviarão.

Acho muito incômodo para vocês me mandarem provas. A revisão pode ser feita aí. Apenas peço a v. que dê uma olhadela. Por exemplo: na última estrofe do poema "As nuvens" não deixem que eles componham

...... a morte (a esperada).

O certo é "a espera da", como se diz nos dicionários.

Como não sei o tamanho da página e do tipo não posso dar sugestões sobre a paginação. Apenas gostaria que cada capítulo dos poemas maiores – "Fábula de Anfion", "Antiode" e "O cão sem plumas" – iniciasse uma nova página – como aliás está no manuscrito.

Aquele sinal que divide partes de certos poemas (*) se puder ser substituído por uma estrela será ótimo.

As diferentes estrofes de "Cão sem plumas" levam um § sinal de parágrafo na frente. Recomendo que é importante. Porque sem eles a leitura será feita seguidamente e a coisa se perde. Se o linotipista não tem o sinal então será preferível botar uma estrela entre cada estrofe a deixar a composição seguida.

---

69. "Delgado" em francês.

Os títulos à margem na "Fábula de Anfion" e no "Cão sem plumas" devem ser em cursivo (i.é, itálico) um pouquinho menor do que o tipo em que for composto o texto. O mesmo diria das dedicatórias e epígrafes.

Espero que v. não fique chateado com todas essas rabugices de tipógrafo.[70] Aliás tenho toda confiança no bom gosto do Fernando: a Antologia é dos livros mais bonitos que comercialmente se tem feito no Brasil.[71]

E isso é tudo. Agora pergunto: acha v. que é necessário um prefácio?

Não mando nada inédito porque perdi o fio da coisa em que estava trabalhando e certamente me vai custar encontrá-lo.

Esta não é resposta à sua carta.

É apenas um guia para encaminhar o catatau de que v. é parteiro.

Lembranças. *Adéu sian*, como dizem os catalães.

Seu

João

§ Como o nosso Correio não merece nenhuma confiança, gostaria que v. me acusasse recebimento.

§ Conhece v. um poeta inglês morto na guerra de 1914-1918, chamado Wilfred Owen?[72]

§ Se interessa por ter as poesias completas de Gerard Manley Hopkins?[73]

J C M

---

70. As recomendações de João Cabral foram acolhidas pelo editor Fernando de Loanda. Alias, só em 1954 o livro haveria de ser publicado e, na fase final, contou com a vigilância de Antonio Houaiss, amigo de ambos.
71. Referência à *Antologia da nova poesia brasileira*, que Fernando Ferreira de Loanda havia publicado em 1951.
72. O poeta inglês Wilfred Owen, nascido em 1893, morreu em combate, na França, em 1918, uma semana antes da assinatura do armistício. Sua obra poética foi publicada postumamente. Em seus versos, ele conta a guerra e "a tristeza de guerra", num tom que une delicadeza e pungência, clamor pela miséria do mundo ensangüentado e alto e nobre sentimento do mundo e da vida. Seu poema *"Strange meeting"* costuma figurar nas antologias da poesia inglesa. Foi só em 1953, quando de uma viagem à Inglaterra, que Lêdo Ivo conseguiu obter um exemplar da obra desse admirável poeta para o qual João Cabral chamara a sua atenção.
73. Lêdo Ivo também se familiarizou com a poesia do jesuíta Gerard Manley Hopkins (1844-1889), sem deixar de considerar singular a interrogação de João Cabral, uma vez que se tratava de um poeta profundamente religioso e de notável esplendor verbal. Decerto era o excepcional apuro técnico de Hopkins que atraía João Cabral, tenazmente hostil ao catolicismo e à chamada "poesia em Cristo". A Lêdo Ivo, João Cabral

[Sem data, 1951]

Meu caro Lêdo,

recebi sua carta.[74] E poucos dias antes, a *Ode equatorial* e um outro livro do Thiago de Mello. Muito obrigado pelo exemplar especial. Quanto à *Ode equatorial* me pareceu o melhor de seus poemas longos. Em nenhum momento v. perde o fio da meada nem permite que o poema se espraie demasiadamente como água derramada na mesa. Atribuo essa canalização ao fato de v. ter partido de uma situação concreta, sua viagem a Belém, se não me engano, e não de uma situação abstrata. Seria bom se os poetas daquela antologia do Fernando Ferreira de Loanda seguissem o exemplo da *Ode*. V. que é mestre incontestado deles devia empurrá-los neste caminho. Porque a verdade é que os achei, muitos deles, poetas livres demais, que não tem por onde o leitor os possa agarrar. Fazem uma poesia subjetiva com um vocabulário liso, transparente: o resultado, pelo menos para minha sensibilidade, é que o poema não chega a ser. Fazem uma poesia que não faz sombra, como uma placa de vidro debaixo do sol.

Agora uma explicação: não lhe falei sobre o apartamento[75] porque a pessoa que me lançou na aventura o fez quase por iniciativa própria, e pintou a situação como quase inalcançável. Usar do seu prestígio (de v.) portanto era enfraquecer o pistolão de que v. dispunha e não quis prejudicá-lo. Se v. puder fazer algo, agradeceria. Infelizmente não cheguei a assinar o contrato. Não escrevi ao Aluísio porque o conheço muito pouco. Mas falei ao Ruy Coutinho e pedi-lhe que falasse ao primo.

---

de Melo Neto costumava proclamar e justificar a sua condição de "ateu, materialista, marxista-leninista e comunista". Acrescentava que essa posição filosófica e moral inarredável estava consignada numa espécie de testamento intelectual já escrito, e deixado entre os seus papéis para informação de posteridade. E ajuntava que deveria ser levada à conta de uma eventual senilidade ou "ausência de si mesmo" qualquer atitude *in-extremis* contrária à que assumira desde a juventude. Segundo sua companheira, a poeta Marly de Oliveira, João Cabral morreu rezando e com um terço na mão. Teve, assim, uma morte eminentemente cristã e católica.

74. A carta, não datada, é de 1951, ano da publicação da *Ode equatorial*, pela editora Hipocampo, do poeta Thiago de Mello.

75. Trata-se do caso da obtenção de um apartamento no Rio de Janeiro, tornado realidade graças à atuação e ao interesse de Lêdo Ivo.

Vou escrever ao F. Ferreira de Loanda para agradecer a Antologia. Ao Thiago de Melo também. E por falar em Antologia, o Renato de Mendonça, organizador daquela de traduções espanholas de poemas brasileiros de que lhe falei, anunciou-me a publicação para outubro.

[*sem assinatura*]

Londres
14 de janeiro de 1952

Meu caro Lêdo,
sua carta veio me tirar um peso de cima de mim. Andava apavorado com a idéia de que o Correio havia perdido os originais[76] e a perspectiva de copiar outra vez tanto cadáver me deixava alarmado. Espero que agora tudo vá bem e que o Fernando não se arruíne com a empresa. Gostaria sinceramente é de acrescentar alguma coisa nova. Mas cadê tempo? Passo minha vida trabalhando e viajando do Consulado para casa e de casa para o Consulado. Apesar de ter notas por trabalhar, não vejo possibilidade de colocar esse trabalho num plano de continuidade, de coisa diária, tantas horas por dia de choco, que exige minha constipada poesia.

Vou mandar a você o Wilfred Owen.[77] E vou ver se encontro as novelas de um de Gales, Gwyn Thomas, que me dizem excelente.

Os nossos votos de feliz 1951 já haviam seguido. Aqui os reitero.

Vejo que seu apartamento é o 710. O meu é o 309.[78] Será que estamos em blocos diferentes e não viajaremos jamais juntos no elevador?

Duvido do que v. me diz sobre o seu deserto.[79] Você é da beira da lagoa Manguaba e não posso imaginá-la seca. O que deve estar acontecendo com

---

76. Trata-se dos originais do livro *Poemas reunidos*, que o poeta Fernando Ferreira de Loanda, a instâncias de Lêdo Ivo, resolveu publicar pela Editora Orfeu. A gestação editorial durou dois anos: o livro só foi lançado em 1954, quando João Cabral já se encontrava no Rio de Janeiro, afastado do Itamaraty por motivos políticos.
77. Este passo da carta reflete o interesse de Lêdo Ivo pela literatura inglesa e o empenho de João Cabral de Melo Neto em mantê-lo informado e abastecido.
78. Alusão ao apartamento no edifício Júlio de Barros Barreto.
79. Lêdo Ivo queixava-se de estar atravessando um período de grande esterilidade literária.

você é apenas o que parece estar acontecendo com o ribeirão das Lages. Provisória falta de chuva.

Lembranças em casa. E um abraço afetuoso do
João

A BBC vai fazer um programa sobre poesia brasileira. Começarão[80] com você. Depois direi o dia, hora, onda.
JCM

Londres
[Sem data, 1952]

Meu caro amigo presente e futuro vizinho,
muito obrigado, mais uma vez, pelas suas informações e suas intervenções em favor de minha pretensão a um apartamento. Já telefonei ao Aluízio Gonçalves de Melo que, infelizmente, não é um dos primos da praça.

Tomei nota de que v. me escreve sobre autores ingleses e americanos. Infelizmente não poderei começar a devorá-los desde já: a poesia popular e antiga castelhana ainda me tem ocupado muito. Devo apenas lembrar a V. que conheço Powys[81] desde o Rio e que foi v. mesmo quem deu de presente um exemplar pingüim do *Mr. Weston's good wine*.

Estive falando com o seu amigo Paula Lima[82] que vai ao Rio agora. Ele

---

80. A circunstância de o programa na BBC sobre a poesia brasileira iniciar-se com Lêdo Ivo testemunhava mais uma vez o apreço e a amizade de João Cabral pelo amigo.
81. Entre as descobertas inglesas de Lêdo Ivo, figurava o romance *Mr. Weston's good wine*, de Theodore Francis (T. F.) Powys – que não deve ser confundido com o seu irmão John Cowper Powys, autor de *Wolf Solent* e de uma obra vasta e de considerável importância, como romancista e ensaísta. A sua *Autobiography* é um dos monumentos da memorialística em língua inglesa. Quanto a T. F. Powys, falecido em 1923, o romance acima mencionado é considerado hoje um dos clássicos da ficção em língua inglesa.
82. Francisco de Paula Lima pertenceu ao grupo mineiro de Sábato Magaldi, Francisco Iglesias e Autran Dourado, entre outros. Durante muitos anos morou em Londres, trabalhando na BBC. Especialista em teatro, traduziu peças de Jean Genet, Jean Anouilh e outros expoentes da dramaturgia contemporânea. De volta ao Brasil, foi professor de teatro da Universidade de Minas Gerais.

está bem a par da literatura inglesa e dará catálogos de autores não conhecidos na Universidade do Vermelhinho.[83] E depois então você me escreve pedindo os livros.

Não converso mais hoje porque tenho trabalho até em cima dos olhos.

Vejo no envelope que seu endereço agora é Associação Comercial. Que é que v. faz ao mesmo tempo em tantos lugares?[84]

Lembranças em casa. E um abraço afetuoso de seu
João Cabral

Mande "Linguagem de avião".
João

[Sem data, 1952]

Meu caro Lêdo,

Vai ver que sua esterilidade é apenas questão de máquina de escrever nova, ou consertada. Porque é difícil imaginar V. sem o poema diário. Ou será influência do edifício ipasiário?[85] Neste caso tenho medo de morar nele. O que receberei do Itamaraty, nos 2 anos de Rio, é tão insignificante que não me poderei dar ao luxo de continuar estéril. Terei de escrever para ganhar a vida.

Você me fala em Keith Douglas. Com esse nome não conheço ninguém. Não será Sidney Keyes? Pergunto porque este cavalheiro morreu também na Guerra e tem uns *Collected poems*...

---

83. Referência mordaz de João Cabral de Melo Neto ao Café Vermelhinho, situado na rua Araújo Porto Alegre, onde costumavam reunir-se especialmente os chamados "intelectuais de esquerda", como Rubem Braga e Vinicius de Moraes. Em contrapartida, os considerados "intelectuais de direita", como Octavio de Faria, Lúcio Cardoso e Adonias Filho, reuniam-se no Café Amarelinho, na Cinelândia.
84. Dotado de grande capacidade de trabalho, Lêdo Ivo era então redator do Ipase, redator da *Tribuna da Imprensa*, redator da Associação Comercial do Rio de Janeiro e colaborador semanal do *Correio da Manhã* e de outros jornais e revistas brasileiros.
85. O edifício em Botafogo em que João Cabral de Melo Neto iria morar, quando voltasse para o Brasil, fora construído pelo Ipase (Instituto de Previdência e Aposentadoria dos Servidores do Estado), daí o neologismo usado pelo poeta.

Obrigado pela notícia sobre o "Miró." O Simeão[86] não escreve mesmo. Diga-lhe que o escritor inglês está pedindo a gaita do artigo que ele escreveu para *Cultura*. E as poesias, como vão? Acabei um poema longo sobre a Espanha. Mas creio que não o poderei publicar.[87] As "democracias ocidentais" andam em tal namoro com o Franco que é arriscado agora ser antifranquista. Não viu V., no Congresso da União Latina colocarem o representante espanhol na comissão de defesa da cultura ocidental? Lamento deveras não poder incluir esse poema na edição de Orfeu. É a coisa mais clara e direta que escrevi e – creio – a melhor e a mais realizada.[88]

Não entendi sua alusão Bandeirinha x USA. É que nosso amigo anda por lá? Quanto a V., o melhor é vir passar uns meses na Inglaterra. Estão – plural – desde já convidados a ficar em nossa casa. Creio que não será difícil para v. arranjar uma missão ou comissão. E daqui V. escreverá artigos para os múltiplos jornais em que colabora.

O papel acabou, o tempo também.

Lembranças em casa e um abraço afetuoso de seu
João Cabral

Recife
21 de dezembro de 1953[89]

Lêda[90]

Estamos aqui no Recife desde outubro. Devemos ir a São Paulo em janeiro para João receber o prêmio.[91] E o caso do Itamaraty o Supremo

---

86. José Simeão Leal, diretor do Serviço de Documentação do Ministério da Educação e Saúde e editor da revista *Cultura* e de *Os Cadernos de Cultura*.
87. Não há, na obra de João Cabral de Melo Neto, nenhum "poema longo sobre a Espanha", embora este país seja uma das presenças e motivações mais insistentes de sua poesia.
88. Antônio Rangel Bandeira, poeta pernambucano e amigo de João Cabral de Melo Neto e Lêdo Ivo.
89. Cartão de boas-festas da editora Civilização Brasileira, com foto colorida de Marcel Gautherot intitulada *Rainha do reisado (Alagoas)* e poema de João Cabral de Melo Neto "...Pois que inaugurando...".
90. As cartas que João Cabral de Melo Neto enviou a Lêdo Ivo quando este e Lêda moravam em Paris foram extraviadas. Sobrou apenas esta, remetida por Stella Cabral de Melo.
91. Trata-se do Prêmio de Poesia do IV Centenário de Cidade de São Paulo, conferido ao seu livro *O rio*, então inédito.

Tribunal deve estar resolvendo por agora.[92] O inquérito policial foi arquivado.[93]

Fizemos a viagem até aqui de automóvel e tivemos que chegar rebocados pois o carro não agüentou.

E para vocês os nossos votos de Boas Festas e muitas felicidades para 1954.

Stella Maria e João

Sevilha
4 de julho de 1956

Meu caro Lêdo,

há tempos que estou para lhe escrever. Mas a vida de hotel, primeiro, a instalação, depois, e o medo de que Calábria[94] apreenda a carta me tem feito até hoje adiar um papo que espero seja prontamente rebatido.

---

92. O Supremo Tribunal Federal deu-lhe ganho de causa na ação que movera contra a decisão governamental de afastá-lo do Itamaraty em disponibilidade não remunerada, determinando assim o seu retorno à vida consular e diplomática.
93. João Cabral alude ao arquivamento do rumoroso processo contra ele e seus companheiros do Itamaraty afastados da carreira sob a acusação de serem comunistas. Esse processo fora instaurado pelo antigo Departamento da Ordem Política e Social da polícia carioca.
94. Alusão ao seu ex-amigo e colega do Itamaraty Mario Calábria, autor em 1952 da denúncia de que ele e outros jovens diplomatas pertenceriam a uma célula comunista. A denúncia fora encaminhada ao Itamaraty, que, tendo como ministro das Relações Exteriores o embaixador e acadêmico João Neves da Fontoura, não abriu inquérito. Inconformado, Mario Calábria recorreu ao jornalista Carlos Lacerda, o maior líder da oposição ao governo Vargas, então de passagem pela Europa. As denúncias públicas, feitas pela *Tribuna da Imprensa* em sucessivas reportagens, e com a divulgação das cartas manuscritas de João Cabral de Melo Neto, alcançou grande repercussão em todo o país. Os diplomatas denunciados foram removidos para a Secretaria de Estado, e o presidente Getúlio Vargas decidiu decretar o afastamento de João Cabral de Melo Neto. Foi ele posto em "disponibilidade não remunerada", figura administrativa não prevista nem na Constituição brasileira nem no Estatuto dos Servidores Públicos da União. Igual punição atingiu os outros diplomatas denunciados por Mario Calábria. Eram eles Antonio Houaiss e Jatir de Almeida Rodrigues (que seriam cassados em 1964 pela ditadura militar), Amaury Porto de Oliveira e Paulo Cotrim Rodrigues Pereira. Inquéritos policiais e administrativos foram abertos contra todos os implicados que, afastados do Itamaraty, recorreram à Justiça.
Em princípios de 1954, João Cabral de Melo Neto e seus colegas de infortúnio foram reintegrados à carreira diplomática, por sentença do Supremo Tribunal Federal. A decisão judicial esgotava-se no processo de reintegração, e João Cabral de Melo Neto necessitava, com urgência, obter um posto no exterior, pois há mais de dois anos levava uma existência marcada por grandes dificuldades financeiras, procurando manter-se, e à sua família (mulher e três filhos), à custa de pequenos empregos de jornal

Agora é que minha vida está se botando em ordem. A casa está entrando nos eixos, embora ainda não tenha uma mesa para escrever nem estante para botar livros. Mas de toda maneira a vida está entrando nos eixos.

Stella me disse que v. fez uma seleção de livros que vieram para cá. Achei ótima a idéia. Só que, um dia desses, abrindo os caixotes, deparei livros de uma porção de poetas de que v. não gosta.[95] Será que já fez as pazes com as gerações novíssimas?

Mande-me sempre notícias da Literatura Nacional. (Da política não precisa.) E não só de literatura. Da sua também. Diga se deseja alguma coisa daqui.

A peça de seu automóvel não consegui. Nem em Paris nem em parte

---

(trabalhou em *A Vanguarda*, tendo como chefe o jornalista e escritor Joel Silveira, e no vespertino *Última Hora*, de Samuel Wainer), traduções e miúdas incumbências literárias. O Itamaraty temia que a sua nomeação para um posto no exterior provocasse nova e enfurecida campanha jornalística do implacável Carlos Lacerda na *Tribuna da Imprensa*. Coube a Lêdo Ivo, como está documentado no livro *João Cabral de Melo Neto – O homem sem alma*, de José Castelo, obter de Carlos Lacerda o seu silêncio na operação destinada a remover o amigo e permitir-lhe que ele, ganhando em dólares, pudesse superar não apenas as aflições financeiras como ainda as aflições morais e psicológicas, pois o poeta vivia em permanente estado de tensão com o agravamento de sua angústia habitual. Carlos Lacerda prometeu a Lêdo Ivo, que era um dos principais redatores da *Tribuna da Imprensa*, não se manifestar sobre a designação de seu amigo para o exterior, e assegurou-lhe que a *Tribuna da Imprensa* guardaria silêncio a respeito. Simultaneamente, outro grande amigo de João Cabral de Melo Neto, seu companheiro de Itamaraty Affonso Arinos de Mello Franco interveio no caso, numa nobre demonstração de amizade e companheirismo. O lance de seu interesse e devotamento foi levar João Cabral de Melo Neto à casa do seu arquiinimigo Carlos Lacerda, na rua Tonelero, em Copacabana. A visita é narrada por Affonso Arinos (hoje embaixador aposentado e membro da Academia Brasileira de Letras) em seu recente livro de memórias intitulado *Mirante* (Rio de Janeiro: Topbooks, 2006). Após longa conversa de três vozes sublinhada pela tensão de João Cabral de Melo Neto (que repetia, num tique nervoso, o "compreende?" presente em sua evolução habitual), Carlos Lacerda, inovando inclusive o seu passado de membro da Juventude Comunista, rendeu-se à embaixada afetiva de Affonso Arinos, sem mencionar o apelo já feito por Lêdo Ivo. Assim, pôde o poeta ser removido. O país escolhido foi a Espanha, sua pátria, que ele tanto amava. Entretanto, para evitar constrangimentos ou reações de natureza política – já que na Espanha imperava a ditadura de Francisco Franco –, o cauteloso Itamaraty, tendo lotado tecnicamente João Cabral de Melo Neto no consulado do Brasil em Barcelona, incumbiu-o de realizar pesquisas históricas no Arquivo das Índias de Sevilha, afastando-o temporariamente da vida consular. O resultado das pesquisas foi editado pelo Ministério das Relações Exteriores e é altamente apreciado por historiadores e pesquisadores brasileiros, como Américo Jacobina Lacombe. E Sevilha passou a ser, ao lado do Recife, uma das duas cidades de sua vida e de sua poesia.

O diplomata Mario Calábria, que terminou a sua carreira como embaixador comissionado em Bonn, Alemanha, não logrou ser promovido ao mais alto degrau da carreira. Uma nota singular é que, quando de sua eleição para a Academia Brasileira de Letras, João Cabral de Melo Neto recebeu um telegrama de felicitações com as palavras "Mil perdões". Esse telegrama não foi respondido.

95. Lêdo Ivo procurava manter João Cabral de Melo Neto informado sobre a produção poética nacional, especialmente a dos poetas jovens.

nenhuma de Barcelona, Madri, Sevilha, entrepostos por onde andei na viagem. Como também não havia portador não adiantava nada.[96]

Depois escreverei mais comprido. Não queria ficar esperando indefinidamente uma ocasião em que lhe pudesse escrever como gostaria. Já venho esperando há mais de três meses.

Como vai a fulminante carreira teatral de Lêda?[97] Abraço aos Jardins.[98]

Seu amigo

João
Calle Bolívia, 29
Sevilla

Sevilha
24 de março de 1958

Meu caro Lêdo,

não repare na demora em lhe agradecer seu livro de crônicas.[99] Não é por falta de tempo. Mais bem, por excesso de tempo: excesso de tempo disponível, que nos leva a não organizar o que queremos fazer e nos faz deixar para depois, sempre, o que, se estivéssemos sem tempo, arranjaríamos um tempo para fazer imediatamente.

---

96. Lêdo Ivo possuía um carro alemão, Opel Kapitan, trazido de Paris em 1954, e enfrentava dificuldades para repor peças, inencontráveis no Brasil.
97. Em 1956 foi criado no Rio de Janeiro o Teatro do Largo, dirigido pelo diretor teatral Eros Martim Gonçalves. Era uma dissidência do Tablado, fundado por Maria Clara Machado. Esta entendia que os atores deveriam encaminhar-se para o teatro profissional, enquanto Martim Gonçalves defendia a condição de amadores. Do Teatro do Largo fizeram parte, como atores, Cícero Sandroni (hoje escritor, jornalista e membro de Academia Brasileira de Letras), Mônica Tozzi, Oswaldo Neiva, Osvaldo Toureiro (que iria se destacar como ator profissional, no teatro e na televisão), Vigínia Vale, João Labanca, César Tozzi, João das Neves e Lêda Ivo. Algumas peças foram apresentadas por esse grupo, destacando-se *Crime na catedral*, de T. S. Eliot, exibida no largo do Mosteiro de São Bento, e *Cristóvão Colombo*, de Paul Claudel. Após algum tempo, o Teatro do Largo dissolveu-se, e, com ele, a fulminante carreira teatral de Lêda, objeto da interrogação de João Cabral de Melo Neto.
98. Edelweiss Sarmento de Medeiros Jardim, irmã de Lêda, e seu marido, o poeta e jornalista Reynaldo Jardim.
99. João Cabral de Melo Neto refere-se a *A cidade e os dias*, livro de crônicas publicado pela Editora O Cruzeiro. De 1945 a 1952, Lêdo Ivo fora o cronista dominical do *Correio da Manhã*, em cujo suplemento literário colaborava semanalmente. Uma seleção dessas crônicas constitui a matéria de seu livro.

Seu livro me agradou muito, digo livro e não crônicas (nem livro de crônicas) de propósito. Na verdade, como eu estava fora quando v. as ia publicando, só agora as li pela primeira vez. E essa oportunidade de lê-las agora como livro me permitiu ver nelas uma unidade de que talvez você mesmo nem suspeite. Você que as foi escrevendo semana a semana só poderá ver no livro uma coleção. Eu, não. Vi um livro só, com uma crônica só, uma prosa só, contínua, desse sujeito chamado Lêdo Ivo, para quem não são coisas opostas poesia e ironia, patetismo e *humour*, jornalismo e poema etc. e etc.

Um grande abraço. Dê notícias de v. e dos amigos. Não conto daqui porque v. não conhece os personagens (e *as* personagens) e não haveria de apreciar o que eu contasse.

Grande abraço nosso na Lêda.

Um abraço afetuoso de seu

João Cabral de Melo

16 de julho de 1958

Meu caro Lêdo,

um favor: V. se lembra de um passeio que fizemos, v., Breno Accioly e eu, pela praia de Maceió, caminho de Pontal da Barra? Foi lá que vimos um pequeno cemitério em cima de uma duna?[100] Creio que foi naquele passeio, ou, em todo caso, em algum dos que fiz com vocês pelos arredores de Maceió.

Pois bem: depois de tantos anos com aquela lembrança na cabeça, escrevi um pequeno poema e não sei se foi mesmo em Pontal da Barra que o vi ou se aquele cemitério pode ser chamado de Pontal da Barra. Para batizá-lo, queria esclarecer a coisa.

---

100. Ao que tudo indica, João Cabral de Melo Neto faz alusão ao Cemitério Novo de Maceió, situado no trajeto que haviam feito, a pé, da capital alagoana até o povoado de Pontal da Barra. Aliás, tanto João Cabral como Lêdo Ivo celebram em sua produção poética os cemitérios marinhos, marcados profundamente que foram, desde os momentos iniciais, pela descoberta seminal de *Le cimetière marin*, de Paul Valéry.

16.VII.95-8

Meu caro Lêdo,

um favor:

V. se lembra de um passeio que fizemos, V., Breno e Accioly e eu, pela praia de Maceió, caminho de Pontal da Barra? Foi lá que vimos um pequeno cemitério em cima de uma duna? Creio que foi naquele passeio, ou, em todo caso, em algum dos que fiz com vocês pelos arredores de Maceió.

Foi, bem depois de tantos anos com aquela lembrança na cabeça, escrevi um pequeno poema e não sei se foi mesmo em Pontal da Barra que o vi ou se aquele cemitério pode ser chamado de Pontal da Barra. Para batisá-lo, preciso esclarecer a coisa.

Quer V. me esclarecer, com essa diligência epistolar tão celebrada? Lembranças nossas a Lêd. Abraços afetuosos do João.

Quer v. me esclarecer, com essa diligência epistolar tão celebrada? Lembranças nossas a Lêda. Abração afetuoso do
João

Marselha
27 de novembro de 1958

Meu caro Lêdo,
esta é: para lhe comunicar meu novo endereço; oferecer meus préstimos a Você, que é grande amigo insaciável da cultura francesa e dos livros idem[101]; e perguntar por um herdeiro que Vs. anunciaram para agosto passado e de cujo desembarque nunca me disseram nada.[102]

Quais são as novidades? Quando tiver tempo conte alguma. Daqui não conto porque V. já conhece a cidade e não conhece os personagens de que lhe poderia falar. De meu personagem, i. é, de mim como personagem, pouco há o que dizer. V. deve ter sabido que nosso J. Olímpio não quis se interessar pelo meu próximo livro – bastante grande para mim, *around* dois mil versos – o que me deixou deprimido, depois disposto a fazer uma edição mimeografada e, afinal, definitivamente deprimido.[103] Tanto que nem me animo a passar algumas coisas na máquina e enviá-las aos amigos que têm jornal e me pedem colaboração.

Embora tenha pedido para vir para Marselha, ter de deixar Sevilha me foi violento.[104] Foi a cidade no mundo de que mais gostei, onde menos me senti intruso. Por isso, ainda não me pus a descobrir Marselha e ainda não estou muito consciente dessa experiência – que v. já teve – que imagino

---

101. João Cabral de Melo Neto acabava de ser transferido para o consulado do Brasil em Marselha.
102. Gonçalo nasceu em 15 de agosto de 1958.
103. O editor José Olympio, que, em 1956, havia publicado *Duas águas* (poemas reunidos), a instâncias de Lêdo Ivo, não acolheu a proposta de João Cabral de Melo Neto para editar o seu novo livro, *Quaderna*, lançado dois anos depois em Portugal. Essa recusa causou grande depressão no poeta.
104. O Recife e Sevilha foram as duas cidades amadas por João Cabral de Melo Neto. A ambas celebrou em poemas perduráveis e admiráveis. Embora grande leitor da literatura francesa, João Cabral não sentia afinidades com a França como país. Numa carta enviada a Lêdo Ivo, e que se extraviou, ousou dizer de Paris que era "uma merda".

formidável – de me saber na França e de viver na França. Com o tempo e o esquecimento de Sevilha, viva!

Fico por aqui. Veja se arranja uma comissão qualquer e venha até cá, conversar.

Nossas lembranças a Lêda. E um abraço afetuoso para v.

Seu
João Cabral de Melo

Marselha
18 de fevereiro de 1959

Meu caro Lêdo,
antes de tudo meus parabéns pelo Gonçalo de Berceo Ivo.[105] V. se mostra tão interessado em informar que Gonçalo é nome de guerreiros e de poetas, que chego a pensar que estamos nas vésperas de novo golpe. Mas será que um general e um guerreiro são a mesma coisa?

Diga o que quer saber da França. E, sobretudo, o que quer que lhe mande.[106] Os Kafka segmentados de que v. fala devem ser os tais do neo-realismo.[107] É isso mesmo? Mas o chato é que fora deles não há novidade, nem em poesia nem em ficção. Em todo caso, se Carpeaux, ou Brito Broca[108], descobrir alguma estrela e v. quiser conferir – diga. Lhe mandarei com prazer o que v. quiser.

O que v. me diz de Antonio Houaiss me inquieta.[109] Apesar de v. dizer

---

105. Gonzalo de Berceo, poeta primitivo espanhol, autor de *Milagros de Nuestra Señora* e *Vida de sancta Uria, virgen*, ocupa lugar relevante entre as predileções e assimilações de João Cabral de Melo Neto. *O rio* (1953) traz uma epígrafe de Berceo: "*Quiero que compongamos io e tú una prosa*".
106. O envio de livros sempre regeu a amizade entre João Cabral de Melo Neto e Lêdo Ivo.
107. Lêdo Ivo manifestava a João Cabral o seu espanto diante de uma proliferação cogumélica de imitadores de Franz Kafka, tanto no Brasil como em toda a literatura ocidental. Ser kafkiano constituía uma verdadeira epidemia literária. E muitos desses comparsas da ficção do absurdo eram kafkianos sem mesmo se darem ao trabalho de ler Kafka: imitavam os imitadores do autor de *O castelo*.
108. Tanto Otto Maria Carpeaux como Brito Broca não suscitavam a simpatia literária de João Cabral.
109. Apesar de sucessivas enfermidades, que o levaram a submeter-se, ao longo de sua vida, a quase 20 intervenções cirúrgicas, Antonio Houaiss chegou a octogenário, falecendo em 1999, aos 83 anos.

que ele se está "recuperando francamente", fico preocupado, pois imaginava-o, há muito recuperado. Que é que ele teve mesmo? E por que tanta demora em ficar bom? Uma carta de Ruth[110], já antiqüíssima, é tudo o que eu sei. Mas gostaria de saber mais.

Pensando que ele já estava em forma, mandei-lhe os originais de *Quaderna*, com o pedido de arranjar a ortografia e entregar os poemas ao Antonio Pedro.[111] Mas fico agora com o maior remorso por tê-lo incomodado. Será que v. não poderá se desobrigar dessas tarefas? E se lhe der muito trabalho o da ortografia, será que V. não pode – ao menos – recolher os originais da casa de nosso amigo e levá-los ao Livros de Portugal? A ortografia, no caso de v. não poder corrigi-la, ficaria por conta do linotipista que de certo sabe muito mais do que eu.

O Otto Lara, numa carta, me falou também da crise editorial. Diz ele que é falta de papel. Mas no meu caso, creio mesmo que é falta de qualidade do livro. Na verdade, como é que alguém ousa ainda escrever poesia depois de ter lido essas obras-primas que são *Surdina do contemplado*, a *Lenda da rosa*[112] etc? Eu não sabia que a coisa tinha saído nos jornais. Se soubesse, não teria oferecido o livro aos "de Portugal", que me haviam pedido alguma coisa há mais de dois anos. Ora, a notícia de recusa, nos jornais, deixará o Livros de Portugal numa situação chata e isso me constrange. O que eu devo mesmo fazer é voltar a ser o poeta de antes, de 100 exemplares, fora do comércio, editado por conta do autor. Nas condições em que funciona literatura no Brasil é o melhor a fazer.

Aliás, pensando bem, não faça o que lhe pedi para fazer um pouco acima. Estou pensando agora que o melhor é *não* entregar o livro a nenhum editor. Vou guardá-lo comigo até ter dinheiro para mandar fazer uma edi-

---

110. Ruth Salles Houaiss, mulher de Antonio Houaiss.
111. Antônio Pedro, editor português que se estabeleceu no Rio de Janeiro na década de 1940, fundando Livros de Portugal, editora especializada em livros de poesia, e que publicou obras de Cecília Meireles, Jorge de Lima, Joaquim Cardozo, Cassiano Ricardo e Lêdo Ivo.
112. *Surdina do contemplado*, da poetisa Dora de Vasconcelos, diplomata como João Cabral, havia sido publicado pela Livraria José Olympio Editora. *A lenda da rosa*, do poeta Thiago de Mello, também havia sido lançado pelo editor José Olympio, que recusara o *Quaderna* de João Cabral. O tom irônico de João Cabral traduz o seu desapontamento. Aliás, na mesma época, João Cabral havia se oferecido à Livraria José Olympio para traduzir alguns livros de Thomas Hardy, proposta também recusada.

ção de luxo, em Barcelona. Neste sentido vou, agora mesmo, escrever ao Antonio Pedro.[113]

Bem, meu caro: um grande abraço para vocês. Espero ver o Gonçalo[114] algum dia hesitando entre as profissões das letras e das armas. Creio que, cedo logo, V. deve dar-lhe a ler o discurso de Cervantes sobre essas duas nobres carreiras. O diabo é que no Brasil o sujeito não tem como exercer nenhuma das duas: se não há guerras nem editores...

Um grande e afetuoso abraço do
João Cabral de Melo

Barcelona
23 de dezembro de 1969

Meu caro Lêdo,
acabo de receber sua carta. Nada sabia sobre a eleição.[115] Andava mesmo inquieto e cheguei a tentar telefonar para o Otto em Lisboa para ver se ele sabia de alguma coisa. Quando ia chamar o Josué Montello em Paris chegou sua carta.

Lamento que não tenha sido dessa vez. Mas para que Você fique tranqüilo, apresso-me a dizer-lhe que meu voto será seu, contra qualquer candidato (contanto que não seja Shakespeare ou Cóngora ou Dante ou Mariane Moore[116], amigos todos da infância: você só o é de adolescência...)

---

113. João Cabral de Melo Neto terminou desistindo de enviar *Quaderna* para o editor Antônio Pedro. O livro foi publicado em Lisboa, por Guimarães Editores, em 1960.
114. Gonçalo Ivo é hoje um artista plástico de projeção internacional e mora em Paris.
115. Não houve vencedor na eleição destinada a preencher a vaga de Múcio Leão na Academia Brasileira de Letras, embora Lêdo Ivo tivesse alcançado 19 votos. O quórum exigido era de 20 votos. Lêdo Ivo renovou a sua candidatura e foi derrotado pelo general Aurélio de Lyra Tavares, ministro do Exército no governo do general Costa e Silva e um dos componentes do triunvirato militar que assumiu o poder quando da sua enfermidade seguida de morte. Confirmando o que disse em sua carta, João Cabral foi um dos acadêmicos que, então, votaram em Lêdo Ivo, numa reafirmação de amizade exemplar que os ligava desde 1940, no Recife. Após eleito, o general Lyra Tavares foi nomeado pelo presidente Emílio Médici para o posto de embaixador do Brasil em Paris.
116. Mariana Moore, um dos grandes nomes da poesia norte-americana do século XX, foi uma das admirações de João Cabral de Melo Neto, que possuía um retrato dela com dedicatória.

Em princípios de janeiro estarei aí, desta vez na nossa rua Farani.

Um abraço para Lêda e você e os melhores votos de Natal, ano novo e próxima eleição, do

João

Dacar
17 de julho de 1975

Meu caro Lêdo,

vi no último número de *Colóquio* um artigo seu muito bom.[117] Muito obrigado pelo que diz de mim. Foi das coisas que mais me *halagaron* até hoje.

Li também num *Boletim* da Academia que foi pedida a transcrição nos Anais de um artigo seu sobre a atual literatura brasileira. Mande-me um exemplar: estou curioso.[118]

Que me diz da candidatura J.K.? O homem deve estar com arteriosclerose.[119]

Lembranças à Lêda e à descendência que sei aumentada graças à eficiência de Patrícia e René.[120]

Saudades do sítio São João. Homenagem a seu Joãozinho [?] da venda e aos caseiros luterano-dostoievskianos. E escreva!

Seu

João

---

[117]. Este artigo, intitulado "O vento vagabundo", e publicado na revista portuguesa *Colóquio*, foi a origem do livro *Confissões de um poeta*, de Lêdo Ivo. Ao lê-lo, o ensaísta português Eugénio Lisboa, então residente em Moçambique, enviou a Lêdo uma carta calorosa, em que o incitava a prosseguir em suas vocações e reflexões. Posteriormente, Lêdo conheceu pessoalmente Eugénio Lisboa, a quem visitou durante suas viagens a Londres quando ele era adido cultural da Embaixada de Portugal.

[118]. Trata-se do artigo "A morte da literatura brasileira", publicado em *O Globo* e recolhido ao livro de ensaios *Teoria e celebração* (São Paulo: Duas Cidades, 1976).

[119]. Candidato à Academia Brasileira de Letras na vaga de Ivan Lins, Juscelino Kubitschek foi derrotado pelo escritor goiano Bernardo Élis, que contou com o voto de João Cabral de Melo Neto.

[120]. João Cabral de Melo Neto faz alusão ao nascimento de Priscila, filha de Patrícia, e primeira neta de Lêdo e Lêda Ivo.

Dacar
11 de julho de 1976

Meu caro Lêdo,
aqui vão seis traduções para a Antologia do Kerry.[121] Traduzi os poemas menores porque (a) os maiores estão cheios de alusões eruditas que escapam ao leitor e (b) por absoluta falta de tempo (leia ânimo).
Por isso é que ainda não comecei a rever as prosas para o José Olympio.[122]
Saudades de vocês todos e de Teresópolis. Quando puder mande suas letras. Abraço afetuoso do
João

Dacar
2 de agosto de 1976

Meu caro Lêdo,
Stella achou o xerox do tal artigo seu.[123] Como v. não o tem, aqui vai a cópia do que ela fez.

---

121. Kerry Shawn Keys (1946) é um poeta norte-americano que, na década de 1970, veio morar no Rio de Janeiro, relacionando-se com os poetas e artistas jovens, e ligando-se especialmente a Lêdo Ivo e João Cabral de Melo Neto. Empenhado em divulgar no Brasil a poesia contemporânea do seu país, e que aqui era quase desconhecida, ele organizou a antologia *Nova poesia americana quincumbo*. Esse título reflete o seu fascínio pelas artes negras da Bahia. Nessa antologia, publicada em edição bilíngüe em 1980 (São Paulo: Editora e Livraria Escrita), Keys apresenta a poesia de Allen Ginsberg, Sylvia Plath, Robert Lowell, Gary Snyder, Louise Glück, Richard Wilbur, James Dickey, Robert Bly, W.S. Merwin, Charles Wright, Lawrence Ferlinghetti, LeRoi Jones, Denise Levertov, Galway Kinnell, Kerry Shawn Keys, Susan Musgrave, A. R. Ammons, J. Michael Yates, Adrienne Rich e Robert Bringhurst. Para apresentar em língua portuguesa o esplêndido painel dessa poesia que, segundo o prefaciador da antologia, Lêdo Ivo, "é a mais poderosa e vigorosa poesia do mundo e do nosso tempo", o antologista convocou numerosos poetas, professores e escritores brasileiros, entre eles João Cabral de Melo Neto, que traduziu cinco poemas de Robert Bringhurst: "Ensaio sobre Adão", "Poema sobre o cristal", "Gênesis congelado". "Scholium", "Predição" e "Equação bioquadrada". De volta aos Estados unidos, Kerry Keys publicou uma tradução de "Uma faca só lâmina", de João Cabral de Melo Neto, e a antologia poética *Landsend: selected poems*, de Lêdo Ivo (Pensilvânia: Pine Press, 1998). Atualmente, ele vive na Lituânia.
122. O projeto de um livro de prosa de João Cabral de Melo Neto, a ser publicado pela Livraria José Olympio Editora, não prosperou.
123. O texto de Lêdo Ivo foi extraviado.

Recebeu as traduções?[124] Tudo bem por aí? No Rio e em Teresópolis?
Saudades nossas. Grande abraço para todos. Seu
João

[Sem data, 1978]

Que saudades não me faltam
do sítio de São João!
ai que saudades que tenho
de tudo e de todos![125]
João

---

124. Trata-se das traduções destinadas à antologia organizada por Kerry Shawn Keys.
125. Em 1971, quando se aprestava para abandonar o jornalismo, iniciado na província e exercido desde a sua vinda para o Rio de Janeiro, Lêdo Ivo adquiriu o sítio São João, situado na localidade de Vargem Grande, no município fluminense de Teresópolis. Quando no Brasil, nas férias diplomáticas, João Cabral de Melo Neto, juntamente com Stella, recorria a esse refúgio campestre. João Cabral descansava, lia horas seguidas e mantinha conversas intermináveis com os seus anfitriões. Essas conversas, durante as quais João Cabral expandia-se em repetidas doses de uísque e Lêdo Ivo concentrava-se no vinho tinto, costumavam varar as madrugadas, e versavam tanto sobre assuntos de natureza estética como abrangiam domínios da mais rigorosa confidencialidade. Os versos deste cartão de João Cabral, datado de 1978, assinalam os incontáveis momentos de alegria e desenvoltura em que ambos os poetas, longe do rumor da vida literária, passavam o tempo sustentando um diálogo que se distinguia, aliás, pelo timbre de diferenças e até de colisão. E nem sempre esse diálogo tresnoitado transcorria num clima ameno. Muitas vezes, a discussão ficava acirrava. João Cabral de Melo Neto, materialista *enragé*, proclamava a inexistência de Deus, embora sua mulher, Stella, fosse católica praticante, e dotada de profunda religiosidade. Lêdo Ivo garantia-lhe que Deus existe. Descendo a discussão para o plano literário, João Cabral de Melo Neto censurava no amigo a admiração por "esse mulato safado chamado Machado de Assis". Por seu turno, Lêdo Ivo deplorava em João Cabral de Melo Neto o fato de ignorar a poesia e a reflexão estética e filosófica de Goethe, a seu ver uma falta imperdoável num poeta de grande porte.

Lima
11 de janeiro de 1980

N. 33

Ilmo. senhor
Lêdo Ivo
R. Fernando Ferrari, 61 – apto. 710
Botafogo
22231 – Rio de Janeiro – RJ
Brasil

Prezado senhor[126],
Como já é de conhecimento de Vossa Senhoria, esta Embaixada iniciou, em 1976, a edição de uma série de *plaquettes* bilíngües dedicada à difusão da poesia brasileira no Peru, além de outras publicações, em espanhol, sobre temas da cultura brasileira.

As referidas edições têm uma tiragem de 1.500 exemplares, sem valor comercial, e são distribuídas entre os alunos do Centro de Estudos Brasileiros de Lima, professores universitários, críticos, poetas, escritores e público em geral; exemplares são também enviados às missões diplomáticas brasileiras no exterior e a 21 universidades norte-americanas.

Estão em andamento cinco projetos de edições de *plaquettes* semelhantes, a serem publicadas em 1980. Entre essas, estão programadas duas publicações dedicadas à Geração 45: a primeira com obras de Péricles Eugênio da Silva Ramos e Domingos Carvalho da Silva; a segunda composta de poemas seus e de Cyro Pimentel. Assim sendo, esclareço que, caso não haja nenhum inconveniente de sua parte, reproduziremos de 12 a 15 poe-

---

126. Esta correspondência (enviada em nome do embaixador brasileiro em Lima pelo encarregado do Setor Cultural da Embaixada do Brasil no Peru) trata de uma edição de poemas de Lêdo Ivo em *plaquette* da qual também constariam textos do poeta paulista Cyro Pimentel. Como se pode ver nas cartas subseqüentes, João Cabral insurgiu-se contra esse projeto, por entender que o amigo deveria ser apresentado numa edição isolada. Transmitiu sua ponderação ao embaixador Manuel Emílio Pereira Guilhon, que a acolheu.

mas seus, de acordo com a autorização que, gentilmente, Vossa Senhoria enviou a esta Embaixada, pela carta de 13 de junho de 1977. Por outro lado, muito lhe agradeceria a fineza de enviar-me os livros que considerar fundamentais para a escolha dos poemas; outra alternativa seria se Vossa Senhoria preferisse fazer a própria seleção.

Apreciaria também saber o número de exemplares que desejaria receber da referida edição.

Remeto-lhe as *plaquettes* "Marly de Oliveira/Fernando Mendes Vianna – Poemas"; "João Cabral de Melo Neto – Poemas"; "Francisco Alvim/Zuca Sardana – Poemas" e "Três Poetas Modernistas – Mário/Oswald/Cassiano", a fim de que Vossa Senhoria possa apreciar o tipo de edição de que se trata.

À espera de sua atenciosa resposta, aproveito a oportunidade para apresentar-lhe os protestos da minha distinta consideração.

Marcos Duprat
Encarregado do Setor Cultural

Quito
19 de maio de 1980

Meu caro Lêdo,
aí vai cópia da carta que mandei ao embaixador Guilhon. Pelos termos, o Cyro Pimentel nunca poderá acusar Você de ter recusado a companhia dele.

Stella está no Rio. Lembranças a Lêda e saudades da fazenda São João.
Seu amigo
João

Quito
19 de maio de 1980

Meu caro Guilhon,
ao passar pelo Rio, de volta de Pernambuco, onde fui a chamado do governador, estive com o Lêdo Ivo, que me mostrou uma carta do nosso colega Marcos Duprat a respeito da publicação naquela série que Vocês estão promovendo, de um volume com poesias dele e de outro poeta.

Não quero me meter na sua seara, mas creio que a poesia do Lêdo é suficientemente importante para merecer um volume inteiro para ela só. Se com a minha Vocês fizeram um volume exclusivo, a do Lêdo mereceria dois ou três em lugar da metade de uma *plaquette*.

Estou lendo nos jornais os primeiros resultados da eleição aí. Imagino como deva estar cheio de trabalho. Por isso, fico por aqui.

Com as melhores lembranças para todos os seus, abraça-o cordialmente, seu colega e amigo [...] e itamaratiano,
João Cabral de Melo Neto

P.S. Você bem que podia mandar umas três coleções dos volumes já publicados para serem distribuídas com entidades culturais daqui.
J. C. M.

Lima
6 de junho de 1980

Ilmo. Senhor
Lêdo Ivo
Rua Fernando Ferrari, 61/710 – Botafogo
22231 – Rio de Janeiro – RJ
Brasil

Prezado senhor Lêdo Ivo,
    tenho o prazer de acusar recebimento de sua carta de 22 de fevereiro último, pela qual autoriza esta embaixada a reproduzir seus poemas, dentro da série de *plaquettes* bilíngües.
    Ao mesmo tempo, tenho o prazer de informá-lo que, em virtude de tão extenso e importante material, é nosso desejo publicar um poemário bilíngüe exclusivamente com seus poemas. Já se iniciaram os trabalhos de seleção e enviarei proximamente os títulos sugeridos para a tradução.
    Aproveito a oportunidade para renovar a Vossa Senhoria os protestos da minha estima e consideração.
Marcos Duprat
Encarregado do Setor Cultural

Lima
12 de junho de 1980

Meu caro João Cabral,

recebi sua amável carta de 19 de maio e muito agradeço sua construtiva idéia sobre a edição das poesias do Lêdo Ivo. Você tem toda razão. Já dei instruções ao Setor Cultural que vai fazer uma edição só e completa daquele poeta. Todas as vezes que você puder se meter na minha seara, faça-o sem receio que me prestaria o grande favor como acaba de fazer.

Como vai sua vida em Quito? E a nossa chancelaria já está instalada? No próximo dia 17 de junho seguirei para o Brasil, onde vou desfrutar de 30 dias de férias. Estarei em Brasília e no Rio. Mande suas ordens.

Abraço afetuoso do
Guilhon

23 de junho de 1980

Meu caro Lêdo,

aqui a resposta do Guilhon, embaixador em Lima.

Você, como verá, está privado da companhia do Cyro Pimentel e terá um volume só para V.

Lembranças a todos. Vou escrever ao Gonçalo: não me considero em condições de fazer a apresentação da exposição dele. Explicarei por quê.[127]

Meu livro novo já deve estar em mãos de José Olympio. Trabalhei de adoecer para acabá-lo.

Grande abraço de
João[128]

---

127. O pintor Gonçalo Ivo, filho de Lêdo Ivo, havia convidado João Cabral para apresentar uma de suas exposições.
128. João Cabral refere-se à carta do embaixador Guilhon do dia 12 de junho de 1980, aqui publicada.

Lima
21 de julho de 1980

Ilmo. Senhor
Lêdo Ivo
Rua Fernando Ferrari, 61-710 – Botafogo
22231 – Rio de Janeiro – RJ
Brasil

Prezado senhor,
 com referência a sua carta de 18 de junho último, que muito agradeço, envio-lhe a relação dos poemas selecionados do livro *Central poética*: "Soneto de abril" – pág. 47; "A infância redimida" – pág. 43; "As rosas vermelhas" – pág. 85; "O ofício de viver" – pág. 88; "O reverso de hoje" – pág. 92; "O homem vivo" – pág. 98; "O visitante" – pág. 101; "A tarde caída" – pág. 101; "A vã feitiçaria" – pág. 109; "As iluminações" – pág. 117; "Boi na Espanha" – pág. 125; "Retrato de uma aldeia" – pág. 125; "O galho" – pág. 144; "A origem do sal" – pág. 145; "Primeira lição" – pág. 169; "Chicago" – pág. 186; "Ode à sucata" – pág. 190; "Os morcegos" – pág. 210; "Porto Real do Colégio" – pág. 214; "A tempestade" – pág. 215; "A rainha da tarde" – pág. 219.
 A seleção em apreço está aberta às sugestões que desejar fazer. A *plaquette* deverá entrar no prelo no próximo mês de agosto; a tradução foi confiada ao poeta peruano Pedro Cateriano que, por ser grande admirador de sua obra, manifestou desejo de preparar o trabalho.
 Aproveito a oportunidade para renovar os protestos da minha estima e consideração.
 Marcos Duprat
 Encarregado do Setor Cultural

Tegucigalpa
26 de setembro de 1983

Meu caro Lêdo,
como vai tudo por aí? Mande notícias. Sei que ninguém é obrigado a me escrever, tão relaxado sou eu no que se refere a cartas, mas em todo caso, os amigos podiam perdoar. Escreva às vezes. Vou tentar me emendar.

Agora um favor: será que v. pode me arranjar um exemplar de *Portugal contemporâneo* de Oliveira Martins? Há um outro livro dele que V. tem e que eu gostaria de ter. É famoso, mas o nome não me vem agora. Gostaria também de reler os livros da última fase de Camilo Castelo Branco, *A corja*, *Macário*, *A brasileira* etc. Será que v. me arranja? Se mandar seus exemplares, juro que os devolverei quando for ao Rio.[129] Creio que, para mandá-los, o mais fácil é entregar os pacotes ao Fantinato no Itamaraty do Rio.[130] (Você o conhece, creio). Assim, os livros viriam pela mala.

Aqui de leituras não se está bem. Traduções espanholas e *pockets* americanos. Francês, nada. Meu irmão é que me manda, às vezes, alguma coisa de Paris.

Saudades de Teresópolis[131] e de todos aí. Estou contando ir ao Brasil no fim do ano, mas ainda não acertei definitivamente. Creio que vou.

Lembranças para Lêda, para as meninas[132], para Gonçalo.
E um abraço afetuoso de seu
João Cabral

---

129. João Cabral atravessava, então, uma fase de intenso interesse pela literatura portuguesa, abastecida na biblioteca de Lêdo Ivo, que lhe fornecia habitualmente os livros desejados. Essa leitura dos autores portugueses suscitava longas conversas entre os dois poetas, notadamente nas noites em que ambos se reuniam em Teresópolis, no sítio São João, de Lêdo Ivo, junto a uma lareira. João Cabral estava longe de exibir uma posição ortodoxa, como leitor dos poetas e prosadores portugueses. Assegurava a Lêdo Ivo que Aquilino Ribeiro e Camilo Castelo Branco eram superiores a Camões. Preferia Cesário Verde a Fernando Pessoa, e tinha por este um desapreço convizinho da belicosidade. Em Cesário Verde – que considerava um poeta de sua linhagem, como o paraibano Augusto dos Anjos –, admirava a materialidade, a dicção coloquial, uma visão realista dos seres e das coisas e especialmente a ausência de "sublime".
130. Trata-se do diplomata Antonio Fantinato Neto, também poeta, escritor e que chegaria a embaixador.
131. Alusão ao sítio São João, onde ele e sua mulher Stella costumavam passar temporadas, quando em férias no Brasil.
132. Patrícia e Maria da Graça.

Porto
28 de junho de 1985

Meu caro Lêdo,
acabo de receber sua carta de Roterdã[133]: está claro que meu voto é seu, de qualquer maneira.

Pena que vocês não possam vir ao Porto.[134] Mas imagino que esteja ansioso para voltar para o Rio a fim de acompanhar a marcha da candidatura.

Fique mandando notícias.

O que v. diz da minha "presença" no Congresso de Poesia é bondade sua.[135] Ando de tal modo arredio dessas coisas que devo ser dado por morto.

Lembranças nossas para Lêda. E o melhor abraço de seu
João Cabral

---

133. Lêdo Ivo, que se encontrava então na Holanda, representando o Brasil num Congresso Internacional de Poesia, apresentara-se candidato à Academia Brasileira de Letras.
134. João Cabral, já promovido a embaixador, era cônsul-geral do Brasil no Porto.
135. Em Roterdã, Lêdo Ivo recebera a informação de que João Cabral também participaria do Congresso Internacional de Poesia que ali estava sendo realizado.

Manuel Bandeira

Manuel Bandeira (1886-1968)
Arquivo Lêdo Ivo/Acervo IMS

Rio de Janeiro
5 de setembro de 1941

Lêdo Ivo
recebi a carta e os versos. Há força de imaginação – e muita magia verbal nos seus poemas. O francês está ainda muito erradinho... Não é impúdico, é impudico. Só tem licença do usar impúdico... Gonçalves Dias!

Há muita intenção modernista nos temas (Rimbaud, Gauguin, Picasso...). Aliás você falou de tal maneira do primeiro, que se ele pudesse ressuscitar mandaria você à merda.

E sobretudo arranje outro nome: Ivo + qualquer coisa.[1]

Um abraço.

Manuel Bandeira

---

[1]. Conta Lêdo Ivo, em *O aluno relapso*: "Naquele tempo, tudo era futuro. Eu esperava os dias vindouros. Abri o pequeno envelope branco e as primeiras palavras do cartão me recompensaram da precoce pena de existir. 'Há muita magia verbal em seus poemas.' Leitor e admirador de Manuel Bandeira, ousara enviar-lhe notícias minhas, reivindicando o seu juízo. E, agora, o jovem poeta de 16 anos, insulado em sua peninsular cidade de Maceió, prisioneiro do mormaço e do silêncio, recebia a dádiva inesperada. // Filho de um advogado, eu recebera o veto paterno ao destino escolhido. O poeta mais famoso de minha terra natal vivia bêbado – e, em certas alvoradas alagoanas, era encontrado, adormecido, rente às sarjetas. Invocando esse caminho ignominioso, meu pai me acenava com os lucros e fulgores da advocacia e da jurisprudência. Agora, o cartão de Manuel Bandeira fremia em minhas mãos como uma coisa viva – uma flor, um pássaro – e suas palavras de estímulo dominavam o rumor do mar perto.// Foi assim que conheci

Rio de Janeiro
25 de abril de 1948

Meu caro Lêdo Ivo,
a sua crônica de ontem está um amor.[2] Eu já lhe conhecia a força de poeta, a virtuosidade de prosador. Não conhecia a finura de crítico. Já falaram muito das minhas poesias, mas não me lembro que ninguém tivesse constatado nela a presença da cidade carioca. Eu mesmo não tinha consciência disso. Fiquei desvanecido e contente com a revelação.

Onde você errou foi afirmando que sou o maior poeta brasileiro vivo. A verdade é que estou na fila... O ponteiro é o Carlos Drummond de Andrade, que só perde para mim na falta de ouvido para o verso regular. A vida, com o seu espírito de porco, negou esse dom tão vulgar ao Carlos, ao Murilo e ao Schmidt. Mas eles caçam com gato melhor que outros com cães...

Receba um abraço – de agradecimento pelo seu carinho.
Muito seu,
Manuel Bandeira

Manuel Bandeira. A sua palavra fraterna, honra e glória de sua vida inteira, atendeu ao meu primeiro chamamento, em forma conjugada de crítica e incentivo, já que nela, a observação inicial confirmava uma nota estética que haveria de ser observada, em seguida, por todos aqueles que se dispusessem a deter-se diante de meus versos. Para mim, na hora primeira, a poesia era uma magia da linguagem – e o grande e peritíssimo poeta que eu lia e admirava, no anonimato da província impiedosa, desvendara, com o seu magistério incomparável, o que eu guardava como um segredo."

Três anos depois, já no Rio e aluno da Faculdade Nacional de Direito, Lêdo Ivo conheceu Manuel Bandeira pessoalmente, na oficina de um encadernador da rua do Carmo. Coube a Murilo Mendes fazer a apresentação. O cartão foi lembrado – e ele voltou a insurgir-se contra a brevidade de seu nome. Começava ali, naquela tarde (ou seria uma manhã radiosa?) uma amizade que haveria de acompanhar Lêdo Ivo para sempre – uma estrela da vida inteira.

2. Lêdo Ivo, já investido de honrosa condição de cronista dominical do *Correio da Manhã*, publicara uma crônica intitulada "O poeta da cidade".

[sem local]
1º de janeiro de 1953

Meu Lêdo,
assim se dirigia d. Pedro I ao Gonçalves Lêdo. Adoto a fórmula imperial para desejar-lhes a você, à leda esposa, aos ledos filhos os mais ledos dias em 1953!
Abraço do
Manuel[3]

Rio de Janeiro
1º de junho de 1953

Caro Lêdo Ivo,
acuso alegre recebimento de sua inesperada carta de 25 de abril. Inesperada sim, porque nunca imaginei que um broto da geração de 45, recentemente chegado a Paris, pudesse se lembrar do velho poeta aniversariante. Confesso-me duplamente desvanecido: pelas palavras dessa carta e pelas que sobre o mesmo tema você escreveu a Thiago[4] e este transcreveu numa crônica para *O Globo*. Muito obrigado, querido.
Tomei conhecimento da temporária esterilidade. Deve correr por conta do impacto Paris. E cá para nós, você andava precisando de dieta, não que a sua poesia estivesse piorando com a contínua desova (ela vem melhoran-

---

3. Durante a longa amizade que os uniu, Manuel Bandeira não resistia à sedução de usar a palavra *ledo* e em torno dela tecer variações. No poema "Lêdo Ivo", de *Mafuá do malungo*, ele ensina a maneira correta de pronunciar-se o nome do seu amigo:

   Pronuncie-se, não no exato
   Padrão parnasiano Lêdo Ivo,
   Mas Lêdo Ivo, com o hiato
   Docemente nuncupativo.

   Para quem não sabe, "nuncupativo" significa em voz alta. Quando Lêdo Ivo lhe apresentou Lêda, com quem iria casar-se, Manuel Bandeira os interrogou: "É amor ou é trocadilho?"

4. O poeta Thiago de Mello.

do sempre), mas porque aquilo era um desperdício e eu estava começando a considerar você um perdulário.

Por estes dias devo mudar para outro apartamento no mesmo edifício S. Miguel. Nele terei duas amplas janelas com vista para a baía e o aeroporto (vou libertar-me do pátio calçado a poder de versos e que se tornou excessivamente barulhento nos últimos anos). O novo endereço é pois av. Beira Mar, 406, ap. 806 (mais quatro andares para subir *pedibus calcantibus* quando os elevadores enguiçarem!).

A novidade aqui é a presença de uma poetisa norte-americana, autora de um só livro, mas laureado, e como essa coisa é séria nos Estados Unidos – já famosa e com retrato em todas as mais recentes antologias. Chama-se Elizabeth Bishop. Veio viajar à América do Sul para conhecer a Terra do Fogo. Parou em Santos, foi chupar um caju e quase morreu de uma urticária alérgica. Resultado: está no Brasil há um ano hospedada por Lota Macedo Soares em Samambaia (Petrópolis). Como poetisa é de fato.[5]

Receba com Lêda o ledo abraço do muito seu
Manuel Bandeira

Rio de Janeiro
20 de outubro de 1953

Poeta Lêdo,

esta é a vista que se tem das janelas do apartamento 806, para onde me mudei, no mesmo edifício S. Miguel (sempre 106 a proteção do Arcanjo!) nº 406. Perdi o amparo da lei do inquilinato e por isso estou pagando 3.000 pela mesma área do apartamento do 4º andar. Mas vale a pena. Ago-

---

5. A poetisa norte-americana Elizabeth Bishop viveu vários anos no Brasil, na cidade de Petrópolis. Entre os seus amigos brasileiros, figuravam Manuel Bandeira e Carlos Lacerda. Autora de *North & south*, *A cold spring*, *Questions of travel* e *Elsewhere*, ela traduziu para o inglês poemas de Carlos Drummond de Andrade e João Cabral de Melo Neto. Foi ganhadora do Prêmio Pulitzer com o seu livro *North & south*. O Brasil está presente em muitos dos seus poemas. Elizabeth Bishop manteve com a arquiteta Lota de Macedo Soares uma relação longa e atormentada e de trágico desfecho. Abandonada por sua amiga, Lota se suicidou em Nova York.

ra posso morrer, que morrerei "olhando o mar, olhando o mar, olhando o mar", como dizia um poeta de que a geração de 45 não gosta mas deveria gostar – Ribeiro Couto.[6]

Celebrando o acontecimento, escrevi um poema intitulado "Lua nova", onde digo:

"O aeroporto em frente me dá lições de partir:
Hei de aprender com ele
A partir de uma vez
– Sem medo
Sem remorso
Sem saudade."

O que não impede que neste momento tenha saudades de você, do seu arzinho inteligentíssimo de Gonçalves Dias redivivo.[7]

Receba com a Lêda um abraço do
Manuel

P.S. Recebi carta de 20/7 e cartão-postal de Veneza. Obrigado!

Rio de Janeiro
24 de janeiro de 1954

Meu caro Lêdo,

quando a paródia de "Muié rendera" apareceu na seção de José Condé no *Correio da Manhã*, eu pensei que ela fosse invenção dele ou de algum outro amigo meu. Mas indaguei de minhas alunas e soube que era obra de

---

6. Embora esnobado pela geração de 1945, como decorrência de sua poesia delicada, melancólica e penumbrista, Ribeiro Couto era muito admirado por Lêdo Ivo, como comprova a correspondência entre ambos recolhida neste livro.
7. Autor de livro sobre Gonçalves Dias, e profundo conhecedor e admirador do grande poeta de "Canção do exílio", Manuel Bandeira achava que havia uma estranha semelhança física e fisionômica entre o maranhense e o alagoano. Na dedicatória de *Gonçalves Dias* (Rio de Janeiro: Pongetti, 1952) a Lêdo Ivo, escreveu: "A Lêdo, que se eu fizesse um filme sobre Gonçalves Dias escolheria como intérprete."

uma delas. O professor ficou muito ancho e concho. Não era para menos: quer dizer que a sua conduta é tão austera com as meninas suas alunas, que elas até pensam que ele não sabe namorar! Também depois que elas deixam de ser minhas alunas, eu vou logo avisando: Agora é tão bom como tão bom, defendam-se!

Se você gosta tanto de "Água-forte"[8], deve ter gostado também do "Cântico dos cânticos", que saiu recentemente no Suplemento do *Diário Carioca*. Teve oportunidade de lê-lo? Criaram uma teia tão grande de espiritualidade em torno do poema bíblico, que eu tive a idéia de reduzir a coisa à sua expressão mais simples e não menos bela (por que é que a gente há de considerar vergonhoso um ato que a mãe da gente fazia e gostava de fazer, e cuja única desagradável conseqüência foi a gente nascer?). Pois um desses rapazes que andam pontificando nos suplementos sobre poesia, escreveu no outro dia umas considerações *soi-disant* profundas a respeito de Eliot e no fim desfechou-me esta à queima-roupa: "No entanto o poeta Manuel Bandeira outro dia, muito despreocupadamente, publicou um poema em que noticia o acontecimento de uma relação sexual. Eis a poesia brasileira."

O único comentário a frase seria: "Eis a crítica brasileira!"

Bem, a propósito de "Água-forte": quando falei nas fontes da vida a sangrar inúteis nas duas feridas, pensei nos ovários. O pente você deve saber que está por pentelho (o Cândido de Figueiredo ensina: "nome que alguns anatômicos dão ao púbis"). A concha bivalve é que sai os grandes lábios. Os grandes não, perdão!, os pequenos; por isso é que digo "Concha, rosa ou tâmara?" O mar de escarlate é o mênstruo (cora, meu poeta!). Em resumo: uma moça de pele muito branca, de cabelos muito pretos, no segundo ou terceiro dia de paquera (cora, poeta! é a última vez... desta feita).

Ousarei falar agora no nome da Lêda para mandar a vocês dois um abraço e as minhas saudades?

---

8. Lêdo Ivo comunicara a Manuel Bandeira que estava escrevendo um ensaio sobre o seu poema "Água-forte". De volta ao Brasil, submeteu o texto ao poeta, que relutou bastante em autorizar a sua publicação. Publicado *O preto no branco (exegese de um poema de Manuel Bandeira)*, pela Livraria São José, em 1955, Bandeira telefonou a Lêdo Ivo: "As amadas reclamaram."

Até março, não é?
Muito seu
Manuel

Londres
11 de setembro de 1957

No arquivo desta sala foi encontrada uma ficha de Rimbaud pedindo um livro. O poeta português Alberto de Lacerda, que é uma flor, tem sido o meu cicerone aqui, poupando-me muita canseira, pois ele conhece Londres como a palma da mão (está aqui há 6 anos).

Contou-me ele que um francês descobriu por acaso a casa em que viveram em Londres Rimbaud e Verlaine. A insistência no nome de Rimbaud é uma homenagem ao tradutor de *Une saison en enfer*. Recebam Lêdo, Leda e Ledinhos as minhas saudades.

M. B.[9]

---

9. Em 1957, Manuel Bandeira foi à Europa, tendo visitado a França e a Inglaterra. Era sua segunda viagem. A primeira ocorrera em 1913, quando, tuberculoso, foi buscar a cura em Clavadel, nos Alpes suíços. Na segunda viagem, mandou para Lêdo Ivo um cartão-postal, transcrito em *Mafuá do malungo*, com os seguintes versos:

Paris encanta, Londres mete medo.
Paris é a maior... ninguém se iluda.
Por intermédio meu, amigo Lêdo,
A Coluna Vendôme te saúda!

O cartão de Londres alude à circunstância de Lêdo Ivo haver traduzido para o português *Une saison en enfer* e *Illuminations*, de Rimbaud. Durante as suas temporadas em Londres, em 1872 e 1873, em companhia de Verlaine, Rimbaud freqüentou a Sala de Leitura do *British Museum*, como comprova a biografia de Enid Starkia, a quem se deve esta descoberta. Quanto à casa em que moraram (um quarto em Howland Street, 35), ela chegou a merecer uma placa. Dessa cerimônia comemorativa participaram Paul Valéry – que alude à passagem ali *de ces communards et invertis, sinon convertis* –, o embaixador da França, um policial, três jornalistas e um caminhão carregado de carvão, num dia de terrível frio.

Teresópolis
10 de março de 1966

Lêdo querido,
aqui vai um "louvado" meu em honra de Mário Quintana para ser publicado no seu suplemento do *Diário de Notícias*.[10]
Você foi buscar na José Olympio o "Murilograma para Manuel Bandeira"?
Estou curioso de ler o próximo suplemento do *Diário* anunciado como já sob a sua direção.
Os bons ares de Teresópolis me têm feito bem: há que tempo eu não me via cercado de verdura, há que tempo eu não via um cavalo pastando solto na rua!
Grande abraço do
Manuel

Teresópolis
10 de março de 1966

Louvado para Mário Quintana

Louvo o Padre, o Filho e o Espírito
Santo, a divina trindade,
À qual rogo sempre inspira
Tudo o que de qualidade
Mais vela, mais alta e pura
Possa existir na alma humana
A esse campeão da ternura
No verso – Mário Quintana.

Poetão, em cuja poesia,
Feita de carinho, amor,

---

10. Lêdo Ivo dirigia então o "Suplemento Literário" do *Diário de Notícias*.

Louvado para Mario Quintana

Louvo o Padre, o Filho e o Espírito
Santo, a divina trindade,
À qual rogo sempre inspire
Tudo o que de qualidade
Mais bela, mais alta e pura
Possa existir na alma humana
A êsse campeão da ternura
No verso — Mario Quintana.

Poetão, em cuja poesia,
Feita de carinho, amor,
Música, melancolia,
Fina graça e fino humor,
Ninguém há que não admire
Tua rara sensibilidade.
Louvo o Padre, o Filho e o Espírito
Santo, a divina trindade.

Teresópolis 10.3.1966
Manuel Bandeira

Música, melancolia,
Fina graça e fino humor,
Ninguém há que não admire
Tua rara sensibilidade.
Louvo o Padre, o Filho e o Espírito
Santo, a divina trindade.

Manuel Bandeira

Rio de Janeiro
[sem data, 1966]

Lêdo querido,
recebi o seu recado pelo Amando Fontes.[11] Aqui vai o soneto "O crucifixo".

Comprei *Manchete*, *Fatos e Fotos* e *Jóia* relativos ao meu octogésimo, mas tive que me desfazer dos exemplares. Será possível arranjar-me dois exemplares de cada e ainda ½ dúzia daquela formidável foto da *Manchete* onde eu apareço de capacete de palha como um daqueles ingleses que atravessaram pela primeira vez a África de leste a oeste? Em tamanho pequeno (metade dessa página, por exemplo – mais ou menos)? Eu lhe ficaria imensamente grato.[12]

Os 60 mil que as duas colaborações vão me render chegarão em boa hora. Imagine que os 5 dias que fiquei na clínica me saíram por meio milhão (sem pagar médico!)![13]

---

11. Romancista sergipano, autor de *Os corumbás* e *Rua do siriri*.
12. Para comemorar os 80 anos de Manuel Bandeira, Lêdo Ivo providenciou uma grande cobertura jornalística. Dedicou um número especial ao poeta, no "Suplemento Literário" do *Diário de Notícias*, publicou uma reportagem sobre ele na revista *Manchete*, e obteve que outros órgãos da imprensa enviassem repórteres para visitar o poeta em Teresópolis. Manuel Bandeira gostava muito de ser fotografado. Uma vez, combinou com Lêdo Ivo deixar crescer o bigode, para ser fotografado com esse novo visual, o qual foi divulgado pelo seu amigo na *Tribuna da Imprensa*. Uma nota irônica do jornalista Paulo Francis o obrigou a desfazer-se no dia seguinte do novo aparato fisionômico.
13. Duas colaborações de Manuel Bandeira foram colocadas por Lêdo Ivo na imprensa com uma remuneração substancial.

Ledo querido.

Recebi o seu recado pelo Amando Fontes. Aqui vai o soneto "O Crucifixo".

Comprei Manchete, Fatos e Fotos e Toia relativos ao meu octogésimo, mas tive que me desfazer dos exemplares. Será possível arranjar-me dois exemplares de cada, e ainda 1/2 dz. daquela formidável foto de Manchete onde eu apareço de capacete de palha como um daqueles ingleses que atravessaram pela primeira vez a África de leste a oeste? Em tamanho pequeno (metade desta página, por exemplo — mais ou menos)? Eu lhe ficaria imensamente grato.

Os sessenta mil que as duas colaborações vão me render, ah gastei em três horas. Imagine que os 5 dias que fiquei na clínica me saíram por meio milhão (sem pagar médico!)!

Você não me contou que a nossa Rua Dr. Antonio Santiago, em Pereirinhas, já se chamou (e o povo ainda a chama) Rua Capiberibe! Coisa que toca muito fundo os ouvidos e a sensibilidade de pernambucano recifense.

Aceite, com a Ledo e os filhos, as saudades e grande abraço de
Bandeira.

R. Aires Saldanha, 72, ap. 362, tel. 36.7812

Você não me contou que a *nossa* rua Cel. Antonio Santiago, em Teresópolis, já se chamou (e o povo ainda a chama) rua Capiberibe![14] Coisa que soou muito grata aos curiosos e à sensibilidade do pernambucano recifense.

Aceite, com a Lêda e os filhos, as saudades e grande abraço do
Bandeira
R. Aires Saldanha, 72, ap. 362, tel. 36.7812

[sem data]

Lêdo, amor com amor se paga.
Por isso neste quarteto
retribuo com o *Mafuá*,
o *Acontecimento do soneto*.[15]
Manuel Bandeira

[sem data]

Poeta Lêdo
Aqui vão duas crônicas. Primeiro deve sair "Guignard", que foi lida no último domingo pelo Paulo Autran. Depois "Camões", que será lida domingo próximo.
Me telefona amanhã de manhã para maiores explicações.
Abraços do
Bandeira
Terça de manhã

---

14. Por coincidência, Manuel Bandeira comprara um apartamento na mesma rua em que Lêdo Ivo já possuía um, o que lhes permitia numerosos encontros.
15. Em sua prensa manual (O Livro Inconsútil), João Cabral de Melo Neto editou, em Barcelona, onde servia como cônsul, *Mafuá do malungo* e *Acontecimento do soneto*.

burg, 16.3.1944.

Meu caro Lêdo Ivo,

oviõssimo com o livro, co
dicatória, com o artigo
ssando não muito bem.
— a escrever pouco — q
de dizer? Que o livro, eu
chado, é um depoimento
força poética. Que você
temente, vai longe. Poeta
sse com pouca vontade,
ce sem vontade de derr
mero — não vale a pena
i essa vontade — irá long
i certo. Quanto a
i sou suspeito para fa
e os elogios tremendos, que
as não há modéstia ca
i impedir que eu aceit
cê diz sôbre o meu exem
oeta. De fato, abafei vo
ências que tinha, para
omar unicamente um

Murilo Mendes (1901-1975)
Acervo *Última Hora*/Arquivo do Estado de São Paulo

Rio de Janeiro
11 de março de 1943

Caro amigo,
tendo diversos amigos meus insistido para que eu publique meu livro *O véu do tempo*, por meio de uma lista de subscritores, venho solicitar-lhe se digne inscrever seu nome na mesma. O poeta Lêdo Ivo, portador desta, acha-se autorizado a tratar deste assunto, podendo fazer os respectivos recebimentos.
Contribuição: Cr$ 100,00.
Com o abraço e os agradecimentos do seu
Murilo Mendes[1]

---

1. Lêdo Ivo conheceu Murilo Mendes logo que chegou ao Rio. O primeiro encontro foi no consultório de Jorge de Lima. O poeta de *A poesia em pânico* foi uma das primeiras mãos que se estenderam para ele – "uma mão de obstetra" recorda. Para introduzir o jovem recém-chegado no círculo poético e literário chegou a publicar, no prestigioso suplemento dominical do *Diário de Notícias* um artigo, "Simples apresentação", em que afirmava: "Ele traz a marca de fogo da vocação. Espero que um dia seja grande entre os seus pares". Murilo Mendes morava num quarto de um velho casarão de Botafogo, alugado a duas velhas russas que diziam ter conhecido Tolstoi, que costumava caçar na propriedade familiar delas. Lêdo Ivo o visitava com freqüência. Em *Confissões de um poeta*, relata: "Durante um tempo em que a tuberculose imobilizou o autor de *A poesia em pânico* em seu quarto cheio de quadros, livros e discos, as minhas visitas se amiudaram, e muitas vezes me revejo, na crescente escuridão do quarto, ouvindo Scarlatti e Bach, enquanto, deitado ao comprido numa cama improvisada o Murilo Mendes era todo um silêncio religioso interrompido por uma tosse rouca". Embora considerado um grande poeta, Murilo Mendes não tinha então editor nem público. Saía de seu bolso, ou do respaldo generoso de amigos ricos, o financiamento de seus livros. Como a quase totalidade dos escritores daquele tempo, tinha um emprego público, na área do Ministério da Educação onde reinavam o ministro Gustavo Capanema e seu poderoso chefe-de-gabinete

Salzburgo
16 de março de 1944

Meu caro Lêdo Ivo,
comovidíssimo com o livro, com a dedicatória, com o artigo e passando não muito bem, forçado a escrever pouco – que hei de dizer?[2] Que o livro, embora retalhado, é um depoimento da sua força poética. Que você, evidentemente, vai longe. Poeta que nasce com pouca vontade, que cresce sem vontade de derrubar Homero – não vale a pena. Você tem essa vontade – irá longe, estou certo.

Quanto ao artigo, sou suspeito para falar sobre os elogios tremendos que contém. Mas não há modéstia capaz de (m) impedir que eu aceite o que você diz sobre o meu exemplo de poeta. De fato, abafei várias tendências que tinha, para me tornar unicamente um poeta – e já não é pouco. Para mim, o amor e a poesia são a mesma cousa. Mas quem atinge esta cousa simplicíssima? Poucos.

A organização atual contra a poesia é muito forte. E poesia não é propaganda, não é alto-falante, não é um exército do Pará. É cousa altíssima e puríssima!

Se o meu exemplo o convence, convencerá certamente a outros. Mas eu, francamente, só espero nos moços – nos menores de 30 anos.

Minha vida não é outra cousa senão uma experiência de poesia. E se falo agora tanto em mim, é porque me comoveu o que você diz sobre o meu exemplo. Falo, para que os mais moços notem que nem tudo está perdido – e que o sacrifício vale.

Carlos Drummond de Andrade: era inspetor de ensino. Três meses após a sua chegada ao Rio, Lêdo Ivo usufruía, junto a Murilo Mendes, de um convívio tão estreito que aceitou uma incumbência do poeta: angariar dinheiro para a publicação de um novo livro seu, *O véu do tempo*, por meio de subscrições. A operação não prosperou: quase todas as pessoas procuradas, e muitas delas amigas e admiradoras do poeta, se esquivavam, ou subscreviam e não pagavam. *O véu do tempo* terminou sendo publicado em 1945 pela editora Ocidente, uma empresa meteórica de Adonias Filho, juntamente com outro livro inédito, e sob o título de *As metamorfoses*. Murilo Mendes o dedicou à memória de Wolfgang Amadeus Mozart.

2. Nesta carta, Murilo Mendes manifesta-se sobre *As imaginações*, o livro de estréia de Lêdo Ivo, e um artigo a respeito de sua poesia e da lição de sua vida publicado no suplemento literário de *O Jornal*. A mozartiana Salzburgo em que se localiza é, na verdade, a fluminense cidade serrana de Nova Friburgo, para onde fora em busca de ares puros capazes de curar-lhe a tuberculose.

Adeus, espero abraçá-lo em breve.
Desejando-lhe grandes inspirações, aqui fica o seu amigo certo
M. M.
Lembranças ao Jorge e demais

Juiz de Fora
26 de janeiro de 1945

Caríssimo Lêdo,
como vai você?
Aqui junto o artigo, um dos melhores que tenho feito, segundo penso.[3]
Escreva-me e mande algum poema novo.
A redação recebeu meu telegrama de 19, avisando que não podia mandar o artigo? Minha mãe está à morte, e me sinto indisposto para escrever.
Mande as novidades.
Afetuoso abraço
M. M.
Mal. Deodoro, 308

Juiz de Fora
15 de fevereiro de 1945

Querido Lêdo,
só agora posso escrever-lhe[4], pois fui vítima de um daqueles terríveis acessos de gripe, e a pouca energia restante tive que a reservar para os artigos semanais.

---

3. Trata-se de um artigo destinado ao jornal *A Manhã*, no qual Lêdo Ivo ingressara meses antes. Graças a uma gestão sua e de Adonias Filho, Murilo Mendes nele fora admitido como colaborador semanal.
4. Esta é, sem dúvida, uma das mais belas cartas que Murilo Mendes escreveu em toda a sua vida. Ferido pela dor da morte de sua (segunda) mãe, ele exprime a sua fé na ressurreição e indica ao jovem amigo um caminho que ele procurará seguir, e tem como base a fidelidade à poesia e a busca de uma voz poética discernível ou mesmo inconfundível.

Muito obrigado pelas suas palavras de pêsames. Realmente, eu e minha família temos sido muito experimentados: em 1 ano e 3 meses morreram meu pai, mamãe e o irmão mais velho. Então a de minha (segunda) mãe senti-a particularmente, pois era uma criatura muito boa e carinhosa, e uma grande figura humana. Não é que as outras duas pessoas também a não fossem, mas a minha (segunda) mãe tinha qualquer cousa de especial na ordem da ternura. Seus últimos dias foram muito dramáticos, pois ela passou 78 dias com a terrível máscara de oxigênio, com o quarto cheio de enormes tubos. Uma outra guerra. Você imagine o que foi tudo isto para mim, doente. Mas sem essas grandes cousas, que seremos nós?

O outro mundo, meu caro, está se povoando dia a dia. Há muito mais gente no outro mundo, do que neste. Esses mortos amados passam a viver com a gente de uma outra vida muito mais forte e serena, na grande páscoa do Cristo. Anotei hoje no meu caderno: A RESSURREIÇÃO DE TODOS OS HOMENS É UM FATO PARTICULAR DA RESSURREIÇÃO DE JESUS CRISTO.

Fiquei muito satisfeito com as suas notícias.

Esse novo regime de vida é mesmo mais fecundo para um escritor. Que você compreenda e sinta a poesia das cousas simples e fundamentais, eis aí um grande sinal de vida, e uma boa promessa de construção. O que você me diz a respeito do que o Lúcio[5] e eu podemos lhe dar como exemplo e direção, muito me conforta. Vejo que você não embarca nessa lamentável confusão que está comprometendo os homens mais esclarecidos e responsáveis. Há por aí espalhada uma nova forma de molecagem, a molecagem séria. Ela se inspira principalmente na política. Os escritores, teoricamente, antecipadores do tempo, guias da consciência humana, estão acreditando nos políticos, que de acordo com os comerciantes e os industriais vivem tapeando essa pobre humanidade.

---

5. Os conselhos de Murilo Mendes e Lúcio Cardoso foram fundamentais para a orientação literária e poética de Lêdo Ivo, naquele fervilhante ano de redemocratização do país em que certos escritores e jornalistas influentes exigiam de seus confrades o cego alinhamento ideológico e a submissão intelectual mais contundente. O stalinismo alastrava-se nas redações, bares e livrarias, pregando o silenciamento sistemático dos considerados adversários, tendo como alvo os escritores que se aferravam a uma certa independência ou indiferença diante dessa sôfrega arregimentação de penas e consciências.

Gosto que você construa suas amizades sólidas fora dos compromissos de grupinhos, gosto que você conquiste sua personalidade e universalidade.

Suas preocupações sobre o seu destino de escritor são naturais, mas não se torture com isto. Apenas nunca faça nada que lhe repugne. A literatura lhe ajudará a revelar muita cousa de você mesmo. Sob que forma – poesia, romance, ensaio – não importa.

Queira dizer ao Lúcio que minhas impressões sobre *Inácio*[6], confirmo-as aqui: acho que é a novela irmã do *O desconhecido*, e não precisava dizer mais nada. É uma grande novela, pelo profundo sentido de *desforra da humanidade* que esconde sob as espécies da anedota em si. Quanto ao aspecto puramente literário, acho talvez a cousa mais polida, tecnicamente, de tudo que ele escreveu até agora. Como esse *Inácio* nos lava de toda essa literatura cafajeste e pretensiosa que anda por aí!

Quando é que você se casa?[7] Se eu viver, gostarei de participar desse seu grande romantismo familiar (poesia viva, que tentei cantar, mas tão mal! no "O visionário") – vendo na Lêda quase uma nora.

Quanto ao dinheiro dos artigos: queira, por favor, entregar ao Banco de Minas Gerais (avenida Graça Aranha, 296ª) Cr$ 600,00, devendo o banco me remeter o mais breve possível para a agência daqui, mas não se esqueça de pedir que me avisem, pois não gosto de sacar sem certeza de ter numerário.[8] Correspondem aos 3 artigos: "Repouso" (28.I); "Um filósofo embaixador" (4.II); e "Carnaval" (11.II).

Lembranças a Lêda, aos nossos amigos, em especial ao Lúcio. E para você, o grande e afetuoso abraço do muito seu:
Murilo
Marechal Deodoro, 508. fone 1731

---

6. Publicada em 1945, a novela *Inácio* indica uma nova direção no universo ficcional de Lúcio Cardoso.
7. Lêdo Ivo casou-se com Maria Lêda Sarmento de Medeiros em 25 de junho de 1945, na cidade de Araguari (MG), e Murilo Mendes, desejoso de incorporar-se ao "grande romantismo familiar", foi o seu padrinho de casamento (por procuração) na cerimônia religiosa.
8. Procurador de Murilo Mendes, Lêdo Ivo recebia as remunerações de seus artigos de jornal e enviava-os, por via bancária, para o poeta enfermo.

Juiz de Fora
26 de fevereiro de 1945

Querido Lêdo,
afetuoso abraço. Muito obrigado pela remessa do dinheiro correspondente a dois artigos. Peço-lhe o favor de me remeter nesta semana, pelo mesmo sistema, o dinheiro correspondente aos dois artigos: "Carnaval" (11.2) e "O pintor Cardoso Jr." (18.2). Resta o de ontem, para a outra semana.

É pena que os poemas em castelhano saíssem empastelados. Mande-me suas notícias e os poemas novos. Lembranças a Lêda e aos amigos.

Um forte abraço do muito seu
Murilo

Juiz de Fora
7 de abril de 1945

Caríssimo Lêdo,
afetuoso abraço.

Esta é apenas para acusar e agradecer a remessa de Cr$ 300,00, correspondentes a 2 artigos. Não o fiz há mais tempo, porque há muitos dias estou enguiçado, sofrendo do estômago, fígado, sem vontade para nada.

Queira visitar ou telefonar ao Jorge de Lima, que anda doente.

Lembranças a Lêda.

Conto regressar a 18.

Outro grande abraço
Murilo

Juiz de Fóra, 7.4.45.

Caríssimo Lêdo:

Afetuoso abraço.

Esta é apenas para acusar e agradecer a remessa de Cr$ 300,00, correspondente a 2 artigos. Não o fiz há mais tempo, porque há muitos dias estou enguiçado, sofrendo do estômago, fígado, sem vontade para nada.

Queira visitar ou telefonar ao Jorge de Lima, que anda doente.

Lembranças a Lêda. Conto regressar a 18.

Outro grande abraço

Murilo.

Rio de Janeiro
23 de maio de 1951

Caríssimo Lêdo,
embora seja um tanto suspeito, é-me grato dizer-lhe que gostei muito da sua montagem da entrevista.[9] Até mesmo a clássica anedota é muito mais bem escolhida do que as em geral divulgadas, possuindo um sentido dentro do quadro. E ao mesmo tempo tive prazer em constatar que minha obra encontra ressonância até hoje no espírito de um poeta da sua categoria.
Muito grato.
Afetuoso abraço do sempre seu
Murilo

Bruxelas
6 de dezembro de 1953

Meu caro Lêdo,
lamentamos o desencontro e não pudemos procurá-los (a você e Lêda), pois não tínhamos seu endereço e telefone.[10]
Segunda-feira 30 tentei em vão ligar para o Aff ou B. E tivemos que regressar logo. Fica o bate-papo para a próxima vez.
De qualquer modo agradecemos a visita.

---

9. Muitas foram as entrevistas e reportagens que Lêdo Ivo produziu sobre Murilo Mendes, além de páginas críticas. Infelizmente, elas se extraviaram e jazem agora nas revistas e jornais amarelados das bibliotecas e arquivos públicos. Se de um lado nesse material vibra o interesse jornalístico, do outro se espelha a profunda admiração que Lêdo Ivo sempre devotou ao seu padrinho Murilo Mendes.
10. Murilo Mendes exercia uma função cultural na Embaixada do Brasil na Bélgica. Ao desencontro documentado nesta carta, sucedeu, meses depois, um encontro. Lêda e Lêdo Ivo foram buscá-lo e a Maria da Saudade Cortesão, no pequeno hotel em que estavam hospedados, perto do *boulevard* Saint-Michel e defronte ao Sena, e almoçaram juntos – ocasião em que Murilo Mendes discorreu longamente sobre uma visita feita a François Mauriac. No entardecer desse mesmo dia, o autor de *A poesia em pânico* pronunciou, na Sorbonne, uma palestra sobre o Brasil, e, amparando-se em Rimbaud, comparou o nosso país a *"un Opéra fabuleux"*. Albert Camus, ao seu lado, prestigiava o evento, que atraiu muitos franceses e alguns brasileiros curiosos e ociosos.

Adeus.
Feliz Natal e ano-novo para vocês.
Aceite com a Lêda afetuosos abraços de Saudade e deste sempre
Murilo
Hotel d'Egmont
15, rue aux Laines

Bruxelas
19 de janeiro de 1954

Meu caro Lêdo,
grato pelo seu bilhete e pela remessa do número da *Noite Ilustrada* e dos três exemplares de *Diógene* que eu pedira ao Cassiano[11] para me mandar, por especial gentileza. Aguardarei a volta dele para agradecer-lhe. Estou tentando meter na cabeça dos belgas umas cousas sobre o Brasil. Tudo é possível...
Com as nossas lembranças a Lêda, aceite o grande abraço do seu
M.

Paris
9 de abril de 1955

Caríssimo Lêdo,
aqui estamos desde fevereiro. Dei uma série de lições para os alunos, e duas conferências públicas na Sorbonne. Tudo correu muito bem, felizmente. Vocês como vão? Estou esperando a carta grande que você prometeu da última vez. E também os poemas novos, de que me deu algumas amostras tão notáveis. Não tenho tido quase notícias do Brasil. Calculo o que andará por aí.

---

11. Cassiano Ricardo, então chefe do Escritório Comercial do Brasil em Paris.

Estamos gozando as últimas gotas de Europa, pois contamos regressar em fins de junho ou começo de julho. O problema para mim, agora, será o de repartir tudo o que armazenei nestes dois anos e meio de estadia em terras européias. Escrever sobre o que tem sido descrito e comentado milhões de vezes?... Ou deixar tudo encerrado aqui dentro, e levar para o outro mundo tantas visões? Creio que tomarei este último partido, para bem de todos e felicidade geral da nação. Diante de certas grandes cousas que se percebeu e captou o melhor talvez ainda será calar-se...

Como vai o Cassiano? Quando pensa regressar? E o João?[12] Mandei-lhe uma carta, há já muito tempo, manifestando-lhe muita alegria pela sua recondução ao ministério. Não respondeu. Não a terá recebido? Rogo-lhe transmitir a esse querido poeta o seguinte: Joan Miró, com quem tenho estado aqui em Paris, pede-lhe que lhe escreva (Pont Royal Hôtel, *rue* de Montalembert). Diz também o mesmo que eu: escreveu-lhe há muito, e não teve resposta. Gostaria de ver o ensaio do João publicado em Paris ou NY etc. etc.[13]

E o Álvaro Lins? Também não respondeu à 2ª carta que lhe mandei há muito tempo.

Supérfluo dizer-lhe que tenho visto uma infinidade de cousas interessantes, e que continuo a manter contato com personalidades marcantes das artes e das letras.

O que não me impede de ter uma grande saudade do Brasil e dos amigos. E do nosso cantinho da rua Farani.

Adeus, meu caro afilhado. Conto certo que me mande suas notícias breve. Rogo-lhe o favor de publicar a nota junto na *A Tribuna* e na *A Noite*! Grato.[14]

Carinhos às duas graças. Aceite com a Lêda afetuosos abraços de saudade e deste sempre seu

Murilo

---

12. João Cabral de Melo Neto havia sido reconduzido ao Itamaraty, por decisão judicial.
13. Referência ao ensaio de João Cabral de Melo Neto sobre o pintor catalão Juan Miró.
14. Ao que tudo indica, deveria tratar-se de uma nota sobre a sua atuação cultural na Europa ou suas conferências na Sorbonne.

Londres
13 de julho de 1955

Caro Lêdo,

recebi há tempos em Paris, recambiada de Bruxelas, uma carta sua com boas notícias. Estimei particularmente saber que em breve sairá o livro das poesias que você escreveu durante sua estadia na Europa.[15] Espero poder lê-lo quando da minha chegada ao Rio (fins de agosto). Estou certo de que conterá cousas excelentes, a julgar pelas amostras que você me deu em Paris.

Recebi recortes de jornais daí, noticiando amplamente um escândalo em que se acha envolvido o sr. Murilo Mendes, secretário da Universidade de São Paulo e "conhecido poeta modernista". Fui apresentado há alguns anos atrás, em São Paulo, a um cavalheiro alto e magro, inspetor de ensino, como eu, à época, e também chamado Murilo Mendes. Quantas coincidências. Acho até que, como eu, escrevia também umas coisas. Mas não me consta que seja o autor de *O visionário*, *Mundo enigma*, *Contemplação de Ouro Preto* etc. Quanto a mim, até agora, não dei desfalque nenhum. Não ponho, entretanto, a mão no fogo, pois todos nós somos assassinos, ladrões, suicidas, falsários etc. em potencial. Somos figuradamente o que está para sempre descrito por São Paulo no capítulo 1º da Epístola aos Romanos.

Por mim não dei importância ao caso, mas a Saudade mostra-se aborrecida e quer que eu esclareça os fatos. É evidentemente impossível enviar uma nota a todos os jornais. Pensei que o mais prático seria fazer uma pequena nota que poderia ser distribuída aos jornais pela Agência Nacional. Deixo entretanto a seu critério a solução do caso. Conhecendo sua eficiência, confio em que agirá bem, pelo que desde já lhe agradeço.[16]

Não recebeu *Contemplação de Ouro Preto*?[17] Seu nome figura, é claro, na lista de contemplados (sem trocadilho) que mandei há meses ao Simeão.

---

15. O livro a que alude Murilo Mendes é *Um brasileiro em Paris e o rei da Europa*.
16. Lêdo Ivo desincumbiu-se plenamente da tarefa que lhe confiou Murilo Mendes, disseminando notas esclarecedoras na imprensa carioca.
17. *Contemplação de Ouro Preto* foi publicado pelo Serviço de Documentação do Ministério da Educação, dirigido por José Simeão Leal, em 1954.

Adeus, meu caro Lêdo. Com a Lêda aceite lembranças de Saudade (carinhos às duas graças) e o afetuoso abraço deste seu
Murilo

Correspondência para
Hotel Manchester. 1, *rue* de Gramont, Paris
Lembranças aos amigos comuns, João, Álvaro Lins, José Paulo e outros mais.[18]

Escreve-nos de Londres o poeta Murilo Mendes, esclarecendo que nunca ocupou cargo algum na administração pública em São Paulo, não se achando portanto envolvido num processo de desfalque ocorrido na Universidade de São Paulo. Trata-se de um homônimo seu.

Modifique a redação à sua vontade
M.

14 de outubro de 1955

Caro Lêdo,
o apartamento ainda não está pronto, mas pelo menos já está pintado. Apareçam, portanto, quando puderem.

Mando-lhes uns livros de Mallarmé. Não posso me dar ao luxo de ter vários livros, digo, várias edições duma mesma obra, pois o espaço é pequeno. Tendo o Mallarmé da *Plêiade*, os outros tornam-se supérfluos. Junto uma antologia publicada em vida do poeta; infelizmente o exemplar está bichado. Vai também um dos números livros do H. Mondor.[19]

Caso estes livros não lhe interessem, pode passá-los para diante ou jogá-los fora.

18. Os amigos comuns são João Cabral de Melo Neto, Álvaro Lins e José Paulo Moreira da Fonseca.
19. Murilo Mendes e Lêdo Ivo moravam no mesmo edifício em Botafogo: o edifício Júlio de Barros Barreto, na rua Farani, 61, depois mudada para rua Fernando Ferrari. Os livros de Malarmé e Henri Mondor por ele oferecidos ainda hoje se encontram na biblioteca de Lêdo Ivo.

Faça-me o favor de deixar no meu escaninho o número do telefone da Carmem.

Abraços do
Murilo

Roma
21 de setembro de 1957

Meu caro Lêdo,
voltando há dias de uma excursão com Saudade pela Áustria, Alemanha e Suíça (fôramos antes à Grécia), tive o prazer de encontrar suas traduções de Rimbaud em letra de forma.

Relendo-as, percebi mais uma vez que você estava mesmo destinado a trasladar para nossa língua o testemunho genial e profético do homem de *Les illuminations* e de *Une saison en enfer* – o que melhor resiste, no seu contexto trágico, aos sucessivos impactos da modernidade. Você de fato aumentou, com essa alta tarefa, sua própria experiência poética, bem como o campo de possibilidades dos tradutores brasileiros, ilustrando nossa cultura. Outra coisa, de resto, eu não esperaria de um poeta da sua categoria.

Quanto a mim, senti-me feliz de poder colaborar no seu trabalho, lamentando que as circunstâncias não me tivessem permitido apresentar-lhe um texto mais elaborado. Grato pela maneira com que se referiu ao meu nome, ao lado de nosso caro Manuel.[20]

Nossas vivas saudades a Lêda, e carinhos às duas graças.

Afetuoso abraço do seu certo
Murilo

---

20. "No caso das traduções aqui reunidas, mais de uma vez o aprendiz de tradutor bateu às melhores das portas: aquelas em que habitam Manuel Bandeira e Murilo Mendes", afirma Lêdo Ivo, na introdução de *Uma temporada no inferno* e *Iluminações*.

p.s.: mandei-lhe já há alguns meses, por via aérea, um livro meu publicado *chez* Pierre Seghers – *Office humain*. Você não o recebeu?...
M.

Roma
8 de agosto de 1958

Meu caro Lêdo,
junto lhe envio uma nota redigida por Saudade – sobre minha missão romana. Queira publicá-la, quando julgar oportuno, podendo alterar sua redação, pois mando cópias para mais dois ou três jornais. O Itamaraty e a Embaixada julgam muito necessário publicar-se essas notas, pois se trata da missão pública e o "herói" está longe do Brasil.

Desde já muito lhe agradeço. Grato ainda por ter se encarregado da publicação do meu artigo sobre o Ruben. Nessa altura prometi-lhe uma carta, não a tendo mandado ainda porque meu curso me deu muito trabalho e prejudicou minha correspondência.

Mas tenho tido contato com você através de seus magníficos artigos d'*O Estado de S. Paulo*. Não recebo com grande regularidade o jornal, às vezes falha. Mas quando topo artigo seu, leio-o com enorme prazer. O padrinho está de mui, digo, fato muito orgulhoso do afilhado.

Soube há tempo (via sr. Alonso) que você não recebeu a carta em que lhe agradecia a remessa das traduções de Rimbaud. Ora, eu lhe escrevi pouco tempo depois de ter recebido o livro impresso, as traduções cresceram de valor a meus olhos. Você tem a pinta de um grande tradutor. Lamentei não ter podido ajudá-lo mais.

Se publicar algum livro novo, não deixe de mo enviar, *please*. Meus alunos leram com grande interesse e traduziram alguns de seus poemas.

José Paulo e Adalígia estiveram em Roma uns dez dias. Falamos muito em vocês.[21]

Partiremos segunda-feira em giro por essas Europas. Férias bem merecidas. Como disse, trabalhei muito durante o ano acadêmico. Queira dizer ao sr. Alonso que os 100 dólares do *bandoneon* continuam à disposição dele. Ou prefere o *bandoneon*?...

Se quiser me escrever – o que muito apreciarei –, pode endereçar para aqui; farão seguir. Adeus, meu caro Lêdo. Nossas afetuosas lembranças a Lêda, e carinhos às duas graças.[22]

Grande abraço do seu velho
Murilo

Roma
15 de dezembro de 1958

Meu caro Lêdo,
hesitei muito tempo em lhe mandar um recorte de jornal de Lisboa, em que há uma ligeira referência ao seu nome, numa entrevista minha. É que o repórter, foca dos bons, não soube fazer o *mise au point* do que eu disse, e fez uma salada dos diabos. Em muitos pontos você não reconhecerá minha linguagem.

Hoje não sei bem por quê, decidi mandar-lhe a coisa. Aí vai.

Em Sevilha, durante as férias, estivemos cinco dias em casa de João e Stella, conversando poesia de manhã à noite, aproveitando também a ocasião para magníficas excursões na Andaluzia. Submeti ao João o texto do meu livro *Tempo espanhol* (uns 60 poemas em que trabalhei muito), que talvez dê agora por terminado.[23]

21. O poeta José Paulo Moreira da Fonseca e sua mulher, Adalígia.
22. Patrícia e Maria da Graça, filhas do casal Lêdo Ivo.
23. João Cabral de Melo Neto, reconduzido à carreira diplomática, morava em Sevilha, incumbido de realizar pesquisas históricas. *Tempo espanhol*, o livro de poemas em que Murilo Mendes celebra a civilização ibérica, foi publicado pela Livraria Morais Editora, de Lisboa, em 1959.

E você, que tem feito? Ultimamente não encontrei n'*O Estado de S. Paulo* seus excelentes artigos.

Inútil dizer-lhe que tenho avançado muito no conhecimento da poesia italiana, especialmente da clássica e da moderna. Os românticos me interessam muito menos.

Quando puder mande-me algumas linhas.

Carinhos às duas graças. Os melhores votos para 1959, a toda a tribo. Aceite com Lêda abraços de Saudade e do seu velho

Murilo

P.S.: resolvi, como medida de prudência, mandar o recorte em envelope à parte.

M.

Viale Castro Pretorio, 64 – 1º P.

Roma
14 de novembro de 1963

Meu caro Lêdo,

só agora me chega às mãos o *Ladrão de flor*, que estou folheando com avidez.[24] Vejo pelos carimbos que o livro chegou a Roma quando já havíamos partido para as férias grandes de verão. Aqui o congelaram durante semanas, e depois mandaram-no a Lisboa, que o devolveu a Madri, que o recambiou a Sevilha, que o reexpediu a Rabat, que finalmente o fez regressar ao seu destino. Coisas que acontecem durante todos os anos, no verão.

Digo que ainda estou lendo o livro que me seduz pelo amor que você tem à coisa literária, pelos achados de gosto e de estilo dentro do quadro

---

24. *Ladrão de flor*, livro em que Lêdo Ivo reuniu crônicas e pequenos ensaios anteriormente estampados na imprensa, especialmente em *O Estado de S. Paulo*, foi publicado pela editora Elos em 1963. Uma nota curiosa é ser a capa desse livro de autoria de Ziraldo – a primeira do cartunista e escritor infanto-juvenil que é hoje uma figura icônica da literatura brasileira.

informativo, pela ausência de sofisticação, tão própria da moda literária atual, *y por otras cositas mas.*

Estou certo de que o notável cronista e jornalista literário Lêdo Ivo não irá prejudicar o poeta Lêdo Ivo, e que breve teremos outros livros seus de poesia, à altura dos antecedentes, ainda que de acordo com os cânones aristotélicos...

Como vão vocês? E o "nosso" edifício? Recebo de vez em quando toneladas de circulares sobre o dito, mas, à distância, não funcionam.

Estou com saudades infinitas do Brasil, mas enquanto me deixarem, aqui vou ficando, pois o que ganho aí só dá para o ônibus; se é que dá.

Escreva-me, *please*, quando puder. Nossas afetuosas lembranças a Lêda, e à jovem trinca, e a você o melhor abraço deste seu
Murilo

P.S.: ultimamente revimos Sevilha, numa semana de conversas com o João! e vimos Marrocos – país belíssimo.

Roma
6 de março de 1964

Meu caro Lêdo,
quis escrever-lhe em fevereiro, felicitando-o pelo seu 40º aniversário; o tempo, que nos escapa de tudo (ou nos insere em tudo?...), escapou-me também da pena. Mas um tão importante aniversário constitui todo um ciclo, e ainda me acho dentro dele. Portanto, um grande abraço e VIVISSIMI AUGURI.

Também eu tive 40 anos, e sei que idade gostosa é. Madura sim, mas ainda com muitos rescaldos da mocidade. Tempo de recomeçar descobertas, de selecionar valores, tempo antológico.

Sua vida de poeta e escritor é uma vida bem vivida. Você tem a paixão da literatura, coisa que vai se tornando rara hoje – mormente nos literatos.[25] Homem de letras tem sido você, honrando a literatura da sua terra. E essa paixão ainda dará certamente muitos e belos frutos.

Adeus, meu caro. Muitas lembranças, também de Saudade, a Lêda e à luzida trinca. Um apertado abraço do sempre seu amigo, padrinho e leitor.
Murilo

NOVO ENDEREÇO:
VIA DEL CONSOLATO 6

Roma
15 de janeiro de 1965

Meu caro Lêdo,
passei no Rio feito um meteoro, em dezembro. Fui para tratar de determinado caso que me tomou muito tempo, deixei de ver queridos amigos, o que muito me aborreceu.

Só na véspera da minha partida pude ir à noite à nossa casa buscar uns livros. O porteiro disse-me que você não estava. Deixei com ele um disco[26] que Saudade mandou para as meninas, com um bilhete onde se nota uma palavra inexata, do que me desculpo – a menção ao seu interessantíssimo livro *Estação central* como *Central elétrica*. Imprecisão raríssima da minha parte, mas enfim estou longe de ser infalível. No fundo talvez eu tenha razão, falou o subconsciente: seu livro é de fato um produto de energia, mais central elétrica do que estação central.

Não me leve a mal por não tê-lo visto. Quero-lhe sempre bem. Transmita minhas desculpas ao sr. Alonso e d. Jaísa, por favor.

---

25. Nesta carta, Murilo Mendes sublinha a fidelidade de Lêdo Ivo à literatura e à criação poética e literária. Em 2004, 40 anos depois, na apresentação de uma nova edição de *Confissões de um poeta*, comemorativa do transcurso dos seus 80 anos, Ivan Junqueira aponta Lêdo Ivo como "um dos derradeiros e mais autênticos homens de letras da literatura brasileira". E completa: "Tudo nele respira a literatura e, mais do que isto, nele tudo sabe a leitura, aquela leitura que, iniciada na infância com as aventuras de piratas e tesouros escondidos de Emílio Salgari, se alimentou depois da dos clássicos em todas as línguas em que pôde o autor devorá-los e metabolizá-los".
26. O disco da cantora italiana Rita Pavone foi muito apreciado pelas duas filhas do casal Lêdo Ivo.

Roma, 15.1.65.

Meu caro Lêdo,

Passei no Rio feito um meteoro, em dezembro. Fui para tratar de determinada casa que me tomou muito tempo; deixei de ver queridos amigos, o que muito me aborreceu.

Só na véspera da minha partida pude ir à noite à sua casa buscar uns livros. O porteiro disse-me que você não estava. Deixei com ele um disco que Sandra mandou para a menina, com um bilhete onde se nota uma palavra inexata, de que me desculpo: a menção do seu interessantíssimo livro "Estação Central" como "Central Elétrica". Imprecisão raríssima da minha parte, mas enfim estou longe de ser infalível. No fundo talvez eu tenha razão, falou o subconsciente: seu livro é de fato um produto de energia, uma central elétrica ou estação central. Não me leve a mal por não tê-lo visto. Quero-lhe sempre bem. Transmita m/ desculpas do Dr. Afonso e à Jura, por favor. Aceito com a Sandra afetuosos abraços do seu velho

Murilo

Aceite com a Lêda afetuosos abraços do seu velho
Murilo

Roma
13 de agosto 1965

Meu caro Lêdo,
acabo de receber uma carta da minha substituta na 4ª Vara de Família[27], d. Elietti da Silva Pring, pela qual fiquei sabendo que o síndico do edifício Júlio Barros Barreto mandou cobrar por via legal as quotas de condomínio do meu apartamento no mesmo edifício. Levou-lhe a informação o sr. Sebastião, porteiro do dito. Quando vim para a Itália o sr. Sebastião amavelmente prestou-se a pagar as tais quotas, indo de vez em quando à 4ª Vara receber o dinheiro para tal fim. Ainda quando aí estive pela última vez, em dezembro de 1964, procurei-o informando-me ele – "Tudo ok". Agora estoura esta bomba – felizmente não se trata da atômica – de não-pagamento das quotas, com a entrega pelo síndico, a um banco, dos títulos.

Rogo-lhe o favor de telefonar ao síndico, explicando-lhe que só hoje soube disto; que sou pessoa muito pontual nos meus pagamentos; e que essa falha se deve ao fato de eu não ter sido informado em tempo devido. Que ele faça o obséquio de mandar sustar a tal cobrança, pois estou enviando à minha substituta o respectivo cheque. Logo que puder peço-lhe me escreva duas linhas e me mande o nome do síndico atual. Quando se está longe no estrangeiro passam-se coisas desagradáveis à nossa revelia, estando nós muitas vezes, *in* [albrigo ??]. Você também deve ter experiência nisto.

---

27. No governo José Linhares – presidente do Supremo Tribunal Federal, que substituiu o presidente Getúlio Vargas após a queda do Estado Novo –, Murilo Mendes tinha sido contemplado com um pequeno cartório, como decorrência da grande amizade com o magistrado Álvaro Moutinho Ribeiro da Costa. Este juiz foi chefe de polícia no governo do presidente Linhares, que o nomeou ministro do Supremo Tribunal Federal. Graças à modesta renda desse cartório, Murilo Mendes, numa prolongada missão cultural no Exterior iniciada no governo do presidente Juscelino Kubitschek e que se prolongou até a sua morte em Lisboa, em 1975, tinha condições de fazer face ao pagamento do condomínio de seu apartamento no Rio de Janeiro.

Passei como um meteoro aí em dezembro de 1964, a tratar dum caso encrencado que me absorveu o tempo, tendo deixado de visitar velhos e caros amigos. Mesmo assim procurei-o por intermédio do porteiro: "Acaba de sair". Deixei um disco para as meninas. Você recebeu? Como partimos agora para as férias, queira endereçar:
A/C DA EMBAIXADA DO BRASIL.
PIAZZA NAVONA 14. Roma
Grazie mille, afetuosos abraços a você, Lêda e crianças.
Seu velho
Murilo

Segundo Elietti, o sr. Sebastião não se ocupa mais do recebimento de dinheiro para pagamento das quotas. Queira me indicar a maneira melhor de proceder a este pagamento dagora em diante. *Thanks*, e perdoe-me este chatíssimo assunto.
M.

Roma
12 de julho de 1970

Meu caro Lêdo,
tenho o prazer de lhe apresentar a senhorita VERA PUOTI, estudante italiana que vai ao Brasil aperfeiçoar o seu conhecimento das sociedades "primitivas" do nosso país, fazendo pesquisas e recolhendo o material que puder encontrar para sua tese de doutoramento na Universidade de Roma.

Trata-se de uma moça inteligente e aplicada ao trabalho. Rogo-lhe (e a Lêda) o favor de acolhê-la com a "vossa" habitual gentileza, e de apresentá-la a alguns especialistas da matéria. Creio que mesmo você poderá dar-lhe elementos para o seu trabalho.

Há muito que não tenho notícias diretas de vocês. Escreva-me umas linhas quando tiver tempo. Grato pela ajuda à minha apresentada, envio-lhe, a Lêda e a toda a turma, também em nome de Saudade, afetuosos abraços.[28]

Seu certo
Murilo
6 via del consolato
00186 Roma

Roma
12 de junho de 1973

Meu caro Lêdo Ivo,
falei com a Luciana, disse-me que, apesar das dificuldades, (ela) lhe mandará o livro. Caso não o receba (os correios italianos andam péssimos, especialmente no que se refere a volumes), escreva-lhe: via civitavecchia, 7 – 4º p – 00198 Roma. Será que não há no Rio uma livraria que se incumba de encomendar livros daqui?

Parabéns pelo futuro neto. *Grazie* ao Gonçalo pelo diploma.

Não pensam em aparecer por aqui? *Ci piacerebbe molto.*

Recordando, gratamente, "vossa" ótima acolhida no Rio, envio a você e a Lêda, com Saudade e saudades, afetuosos abraços.

Murilo Mendes

---

28. Numerosas cartas de Murilo Mendes a Lêdo Ivo – como, de resto, incontáveis outras missivas de outros de seus amigos – foram extraviadas, pois não lhe ocorreu o reconhecimento da eventual importância que elas poderiam ter para a história literária. Mesmo assim, a correspondência salva do olvido e aqui reunida há de ter uma função iluminadora, pois clarifica tanto a trajetória poética e literária de Lêdo Ivo como a de seus amigos. E alguns deles foram amigos da vida inteira e ilustram um capítulo jamais escrito de nossa literatura e vida literária: a história das grandes amizades.

Mário de Andrade

Mário de Andrade (1893-1945)
Fundo Mário de Andrade – Arquivo do Instituto de Estudos Brasileiros-USP

São Paulo
11 de março de 1944

Lêdo Ivo,
resolvi lhe escrever já, agora já, pra ver si consigo me libertar um bocado de você, do seu livro, da sua carta. Na verdade não consigo saber nada do seu livro e muito menos de você. Eu compreendo muito bem o finíssimo artigo do João Cabral de Melo Neto, por certo decepcionante pra você, mas donde sei um tom de angústia, de sofrimento verdadeiro, de perplexidade dolorosa que você causou a ele. E a mim. Por outro lado, não sei si você foi apenas infeliz, mas naquele encontro nosso no Hotel Natal, tão rápido, você achou jeito de "fazer uma frase" e a mais infeliz de todas, que me deixou de você uma impressão dolorosa, difícil de apagar. Talvez você já tenha se esquecido, eu não, você, aludindo ao meu prefácio ao Otávio e se dizendo ser "um dos sujos". Acredite que isso me foi detestavelmente doloroso... pra você. Senti um ar de suficiência, que a sua carta de agora não consegue diminuir. Meu Deus! O que é você! Eu quero crer, Lêdo Ivo, porque me recuso a partir do mal como inato aos homens, eu quero crer que tudo seja apenas uma forte ingenuidade. Fortíssima. Você tem 20 anos. Eu acredito em você.

Seu livro também me tonteia. Mas, por favor, não tive nenhuma vaidade de ter me vencido. Porque, não há dúvida, seu livro me derrotou, me venceu. Mas não me convenceu. Meu Deus! O que será seu livro! É um livro deslumbrante. É incrível a facilidade com que você "verseja". Porque eu temo, Lêdo Ivo, que você esteja versejando apenas, e não ainda fazendo poesia. Não afirmo isso, Deus me livre! Eu desconfio. Seu livro, não é, está longe de ser genial. Mas pode ser o fraco e defeituoso livro de estréia dum poeta que no futuro se tornará genial. Positivamente seu livro não é uma "promessa" normal. A sensação que eu tive, desagradabilíssima por causa do resultado das recordações que me provocou, a sensação que eu tive foi a mesma de quando apareceram as *Apoteoses* do Hermes Fontes, o *Verão* do Martins Fontes. Uma estréia deslumbrante de quem assimilou, com que facilidade! com que espontaneidade! certas tendências de época e de certos poetas com personalidade já marcada, como fizeram os dois Fontes. E você fez, na aparência apenas, milhor do que então se fazia e os poetas assimilados. Foi muito desagradável a sensação, porque eu me lembrava desses Fontes que venceram tão falsamente com o livro de estréia e depois tiveram uma vida lenta e comprida que foi um desvencer que jamais parou. Parou com a morte só, porque eles não tiveram siquer o pudor de desistir. E nem tiveram saúde mental suficiente pra converterem sua poesia numa apenas experiência de poetar, estéticas e métodos, útil... aos outros.

Mas eu não digo, Lêdo Ivo, isso de você. Não tenho a menor intenção de ser profeta. Seu livro não promete normalmente, não é uma estréia "honesta" pra que a gente, pelo menos eu, possa me decidir por um juízo nítido. Partido das *Imaginações*, você tanto pode se tornar um gênio, que o seu livro não recusa embora não prometa, como pode se tornar um poeta de segunda ordem, que também seu livro não recusa nem promete.

Veja bem, Lêdo Ivo, nada disto que estou me falando acusa você de insinceridade. De resto, a sinceridade é uma coisa tão sutil e delicada, que às mais das vezes eu não consigo retirar de ninguém. Mas agora que você publicou as suas *Imaginações* e não se arrependa disso, eu creio que não seria mau pra você, seria útil, se perguntar mais uma vez onde que está a sinceridade e o que é poesia. Você me conta na sua carta que tem já "uma grande experiência literária" e que leu "pra cachorro". Você imagina um homem de 50 anos como eu, escutando essas "afirmações" dos seus 20 anos! Eu apenas sorri, sem maldade, Lêdo Ivo, sem maldade nenhuma.

Vamos deixar o seu "passado" pra trás, não se arrependa dele, mas, não sei, decerto seria bom você apagá-lo um pouco e não acreditar que ele já seja um compromisso. Você tem poemas deliciosos no seu livro e quase todos os sonetos são admiráveis. Reli com perversidade eles, são admiráveis. Você pôs a morte no seu livro, muito, e pôs o sexo. Você se esqueceu de pôr a dor e o amor. Isso não há dúvida, Lêdo Ivo. Acredito que você já tenha "uma grande experiência do sofrimento" e que já tenha amado "pra cachorro". Mas como dor e amor, seus poemas por enquanto são descrições da dor e do amor e não o resultado deles. Você dirá que são o resultado sim, mas isso é esquecer vaidosamente a "qualidade" que mais falta a você, o tempo. Tempo no duplo sentido: não apenas a soma das horas, que é o de menos, mas o filtro dos segundos.[1]

---

1. Lêdo Ivo considera esta carta de Mário de Andrade, a ele enviada quando da publicação de seu livro de estréia, *As imaginações*, em 1944, um documento fundamental para o entendimento de sua trajetória intelectual e poética. Aos 20 anos de idade, ele merecia, da parte da maior e mais qualificada figura do Modernismo brasileiro, e das mais importantes de toda a história de nossa literatura, um julgamento severo, mas aberto. Aliás, o temor manifestado por Mário de Andrade foi também o de Antonio Candido, ao ocupar-se do mesmo livro. Decerto o tempo incumbiu-se de enxotar as nuvens negras que ameaçavam o futuro do jovem poeta de *As imaginações*. Num lento e seguro processo de aprimoramento intelectual, tornou-se ele mesmo, concentrando num mesmo estuário as várias vertentes de sua aparição matinal e logrando uma voz distinta e até inconfundível. O tempo, invocado por Mário de Andrade como remédio imprescindível para que não se extraviasse no caminho, nem se perdesse a si mesmo, deu-lhe a dor e o amor. Quanto à "impressão dolorosa" que Lêdo Ivo causou em Mário de Andrade quando do primeiro e único encontro pessoal num hotel da Cinelândia, cabe dizer que ela há de ter sido recíproca. Em *Lição de Mário de Andrade* (Rio de Janeiro: Ministério da Educação e Saúde, 1952), Lêdo Ivo sustenta que, em seus dias finais, ele se desviara "para uma filosofia política de quem parece ter lido na adolescência a pregação otimista de O. S. Marden, tendo chegado mesmo a virar guia político-social de começo de exposição de pintura". Com efeito, no encontro decepcionante, marcado historicamente pela presença de uma guerra mundial e a perspectiva da queda da ditadura Vargas, Mário de Andrade, deslumbradamente engajado no *social* antes ignorado por ele e pela sua geração saloneira, vituperava os "espiões da vida" e achava que a vitória contra o nazi-fascismo haveria de transformar o universo num paraíso terrestre. E o mesmo ocorreria com a redemocratização do Brasil. Para ele, os escritores que colocassem as preocupações estéticas acima das preocupações políticas, antibélicas e sociais, não passavam de "sujos", como o proclamou no prefácio do livro de Otávio de Freitas Júnior. Em suma: o entusiástico simplismo ideológico de Mário de Andrade causou uma impressão penosa em Lêdo Ivo. Há que acrescentar que, ao longo de sua trajetória, o autor de *As imaginações* tem colocado Mário de Andrade em lugar de relevo em sua faina ensaística, como o comprova, além de *Lição de Mário de Andrade*, o texto "Fecundamente arlequinal", que figura em *Poesia observada*. Assim, o encontro reciprocamente desastrado, mas altamente fecundo, não tisnou a reflexão crítica e ensaística de Lêdo Ivo, nem a sua grande admiração pelo autor de *Macunaíma*.

Eu posso estar enganado em tudo isso, Lêdo Ivo, e o menos que eu posso lhe aconselhar é que mande esta carta à merda e eu com ela. Hoje saiu nos *Diários Associados* um artigo cruel contra você, ou melhor, a seu respeito, do Genolino Amado.[2] Não sofra com essas coisas, nem com eles, nem comigo: é preferível que você sofra "com" você, com as censuras, os enganos, os defeitos que você mesmo se apontar. Mas estou dando conselhos! Isso não sou eu, deve ser ainda o estonteamento em que você me deixou. Estou sorrindo com uma imagem que me fez nascer agora. Pelas namoradas e coisas que você enumerou com tanta vontade de contar, você nos dá a garantia de que já vive na esquina do pecado. Pois agora eu vou esperar você na esquina da consciência do pecado.

É possível que você não goste desta carta.[3] Nem eu gosto. Ela está me saindo com uma dificuldade enorme, sem vontade de sair, corrente mas correndo lento. Nada impede que eu tenha pelo seu caso e por você a mais intensa simpatia.

Mário de Andrade

---

2. Trata-se de um equívoco ou dedução apressada de Mário de Andrade. O "artigo cruel" de Genolino Amado não foi contra Lêdo Ivo, e sim contra um poeta paraense, Correia Pinto, que havia publicado pela mesma Editora Pongetti um luxuoso livro de poemas intitulado *Fascinação* e promovera em seu favor uma espalhafatosa campanha publicitária.
3. Diferentemente do que presumia Mário de Andrade, Lêdo Ivo gostou muito da carta e a mostrou a Carlos Drummond de Andrade e Manuel Bandeira, entre outros.

Clarice Lispector

Clarice Lispector (1920-1977)
Arquivo Lêdo Ivo/Acervo IMS

Belém
28 de fevereiro de 1944

Lêdo Ivo
estava querendo tanto lhe escrever e não sabia para onde. Fiquei tão contente com suas palavras.[1] Quando gosto de alguma coisa não sei muito o que dizer. Por isso vai quase que só um impulso para a rua Candido Mendes, 18, casa 3... Já conhecia você bastante de nome e já lera aquelas poesias que *A Manhã* reproduziu. Gostei *muito* delas. Surpreendi-me com sua idade e seu nome.[2] Você tem publicado mais? Onde? Estou afastada de tudo, aqui em Belém. Agradeço-lhe o artigo; confesso que me intimidou: sou muito menor do que sua impressão. Sinceramente,
Clarice Lispector

---

1. Quando do lançamento de *Perto do coração selvagem*, Lêdo Ivo publicou, em *A Manhã*, um artigo entusiástico, intitulado "O país de Lalande".
2. O nome Lêdo Ivo também intrigava Clarice Lispector, na esteira de Gilberto Freyre, Manuel Bandeira e Ribeiro Couto.

Belém
27 de junho de 1944

Lêdo Ivo:
como vai? Há tempos estava para lhe escrever. Logo que cheguei me sentia cansada e cheia de pequeninos deveres. O Correia Pinto deve ter gostado de seu livro porque nada me entregou.[3] O seu livro está fazendo sucesso aqui no nosso grupo. O exemplar que você me deu anda correndo por aí.

Quando eu o levei para emprestar, vi grande gosto pelo verso a Hermengarda.[4] E gostaram muito daquele em que você não cabe mais na sala de visitas de seu pai com o piano (você está vendo que eu não tenho comigo o livro...).

Li um dos seus romances, *A temporada*.[5] Não sei se você está entendendo minha letra, mas é que estou escrevendo sobre um livro no colo. Gostei muito. Quando se acaba de ler, tem-se a sensação de que realmente foi contada uma história; e isso me agrada. Não sei por que você não publica. Acho que você deveria trabalhar + nela até purificá-la de pequenas coisas que perturbam a narração. Acho também que o seu defeito é o meu defeito: forte sobrecarga lírica. Detesto isso no meu livro e embora em você isso seja + legítimo, pois você é poeta, acho que uma revisão com dureza e secura faria bem a você e a mim. Você bem imagina que se Joana tirasse umas 60 roupas possivelmente restariam + 40 a serem tiradas.

Um abraço para você. Não acompanho daqui o movimento da crítica em torno de *As imaginações* e sobre Xavier Placer.[6] Uma ou outra vez recebo um jornal.

Clarice

3. Trata-se de um poeta paraense a quem Lêdo Ivo confiara a incumbência de entregar *As imaginações* a Clarice Lispector. Autor de um livro intitulado *Fascinação*, publicado na mesma ocasião e pela mesma editora, a Pongetti, ele inspirou uma crônica ao mesmo tempo divertida e impiedosa de Genolino Amado, crônica essa que Mário de Andrade presumiu ter sido endereçada a Lêdo Ivo.
4. Até hoje Lêdo Ivo não consegue entender a popularidade de seu poema "Valsa fúnebre a Hermengarda", escrito no Recife, em 1940, quando ele tinha 16 anos.
5. Decerto Lúcio Cardoso confiou a Clarice Lispector uma cópia desse romance inédito, que Lêdo Ivo destruiu.
6. Xavier Placer, escritor fluminense, autor do romance *A escolha*.

Nápoles, setembro de 194_

CARTOLINA POSTALE

Lêdo Ivo:

Pero de você? a gentileza da Samaritana: escreva-me. (Telefone para 25-0591 e pergunte a minha irmã como) Seja muito feliz e faça versos.

Clarice

Exmo. Sr. Lêdo Ivo
Rua Cândido Mendes, 18,
Casa 3 — ou: Livraria
José Olympio, Rua do
Ouvidor, 110 — Rio

NAPOLI - Museo Nazionale
La Samaritana al Pozzo. (Lavinia Fontana)

Ganhei um retrato de Julien Green.[7]
Será que Lúcio sabe como ele é?

Nápoles
Setembro de 1944

Lêdo Ivo:
peço de você a gentileza da Samaritana: escreva-me. (Telefone para 25-0591 e pergunte a minha irmã como).
Seja muito feliz e faça versos.[8]
Clarice

---

7. Julien Green era um dos autores mais lidos numa área que compreendia Lúcio Cardoso, Octávio de Faria, Adonias Filho, Willy Lewin, João Cabral de Melo Neto e Lêdo Ivo. Ele exerceu forte influência em Lúcio Cardoso.
8. A quase totalidade das cartas que Clarice Lispector remeteu a Lêdo Ivo – de Washington, de Roma, da Suíça e de outros lugares em que esteve na condição de mulher de um diplomata – infelizmente se extraviou. Na edição dos CADERNOS DE LITERATURA BRASILEIRA dedicada a Clarice Lispector e editada pelo Instituto Moreira Salles, o leitor pode encontrar um depoimento de Lêdo Ivo sobre a sua amiga – um depoimento em que ele demonstra que uma travessia da infelicidade, em sua vida de mulher e escritora, antecipou a triunfante trajetória póstuma. O "seja muito feliz e faça versos" desta carta ainda hoje ressoa na memória de Lêdo Ivo. E, com o seu ouvido afiado de poeta, notou que a frase, além de exprimir um desejo e dar um conselho, era também um decassílabo.

3232 - CAIXA POS
MARÍLIA
Est. S. Paulo

Meu presado poeta Lêdo Ivo,

Aqui dêste meu exílio em Marília lhe agradeço a generosa idéia de me remeter Ode e Elegia, livro que, ao me mandar, parecer você advinhado o meu interêsse despertado pelo que haviam escrito Bastide e Alvaro Lins.
Junto lhe estou remetendo um rodapé onde abordo sua qualidade específica de poeta; claro que não se trata duma crítica, pois se tal tivesse sido o meu intento (e a minha capacidade não dá para tanto!) teria feito um estudo só sôbre você, cousa que outra gente com maior dom e discernimento já vem fazendo.
Daí do Leblon (onde também moro oficialmente, como qualquer catálogo de telefone mostra) além da sua poesia me mandou também você -sem saber - a saudade que vai crescendo, motivo pelo qual, em breve, creu, nos veremos na casa da Rua Campos d Carvalho 337, onde terei prazer e honr duma visita. Avisa-lo-ei, quando de minh próxima viagem. Por enquanto, um abraç sem protocolo.

José Geraldo Vieira.

José Geraldo Vieira (1897-1977)
Marcio Scavone

Marília
[sem data]

Meu prezado poeta Lêdo Ivo,[1]
daqui deste meu exílio em Marília lhe agradeço a generosa idéia de me remeter *Ode e elegia*, livro que, ao me mandar, parece ter você adivinhado o meu interesse despertado pelo que haviam escrito Bastide e Álvaro Lins.

Junto lhe estou remetendo um rodapé onde abordo sua qualidade magnífica de poeta; claro que não se trata duma crítica, pois se tal tivesse sido o meu intento (e a minha capacidade não dá para tanto!) teria feito um estudo só sobre você, cousa que outra gente com maior dom e discernimento já vem fazendo.

Daí do Leblon (onde também moro oficialmente, como qualquer catálogo de telefones mostra), além da sua poesia me mandou também você –

---

1. Esta carta, não datada, foi escrita em 1945, ano em que Lêdo Ivo publicou *Ode e elegia*, objeto da atenção crítica de Álvaro Lins e Roger Bastide. No rodapé a que alude, publicado num jornal de São Paulo, diz José Geraldo Vieira: "...apareceu com dons múltiplos, simultâneos e proteiformes, mestre precoce em quaisquer gêneros, desde o lírico até ao elegíaco, desde o soneto de corrimão até ao poema inconsútil." Era mais uma vez autorizada a registrar a versatilidade ou virtuosidade do jovem poeta, a qual tanto intrigava Mário de Andrade e Antonio Candido. No ano seguinte, José Geraldo Vieira e Lêdo Ivo haveriam de conhecer-se pessoalmente, numa visita que o autor de *Ode e elegia* fez ao romancista de *A mulher que fugiu de Sodoma* em sua casa no Leblon.

sem saber – a saudade que vai crescendo, motivo pelo qual, em breve, creio eu, nos veremos na casa da rua Campos de Carvalho, 337, onde terei prazer e honra duma visita. Avisá-lo-ei, quando de minha próxima viagem. Por enquanto, um abraço, sem protocolo.

José Geraldo Vieira

Marília
17 de maio de 1946

Meu prezado Lêdo Ivo,

terça-feira, agora, li a minha entrevista, pois um amigo meu é assinante aqui d'*O Jornal*.[2] Hoje, sexta-feira, chegaram os números que V. me mandou. Logo vi que o meu calhamaço tirava espaço vital aos retratos. Melhor ainda. Acabo, na segunda distribuição de hoje, de receber sua carta, que respondo:

Primeiro, muito obrigado pela entrevista. Mas V. não me disse qual a sua impressão, e se aí teve algum ressôo. Será que não está muito pernóstica? Ao reler me danei com certo formal hirto, talvez pedante, hein?

Quanto aos artigos que combinamos lhe mandaria mensalmente – e caso isso não deixe V. em dificuldades, restrições que talvez possam surgir devido à minha opção comunista (mais espiritual do que política); e neste caso não se acanhe comigo, que tudo entendo –, lhe remeterei domingo, dia em que terei folga para copiar material já publicado em São Paulo.

---

2. Trata-se de uma extensa entrevista, intitulada "No território humano de José Geraldo Vieira", assinada por Lêdo Ivo e publicada com grande repercussão na primeira página do suplemento literário de *O Jornal*. Em Maceió, ele havia lido *A mulher que fugiu de Sodoma* e *Território humano*, que lhe causaram funda impressão. Quando, em 1943, José Geraldo Vieira publicou *A quadragésima porta*, Lêdo Ivo dedicou-lhe um artigo em que manifestava o seu entusiasmo pela obra, e decerto serviu para uma aproximação pessoal, a qual culminou com a entrevista para *O Jornal*, na qual o romancista descrevia minuciosamente a sua trajetória cultural e seu processo de criação. A preocupação com os problemas materiais vinca esta e as cartas seguintes de José Geraldo Vieira, envolvido no universo estreito e às vezes vexatório das colaborações para jornais e traduções. Não foram muitos os contatos pessoais entre José Geraldo Vieira e Lêdo Ivo (um deles foi em Paris, em 1953), mas os ligava uma afeição mútua, a que se somava uma nítida afinidade de leituras. Na medida de suas possibilidades, Lêdo Ivo procurava ajudá-lo no tocante a colaborações em jornais cariocas, enquanto José Geraldo Vieira seguia a mesma trilha em São Paulo.

Tive, antes, o escrúpulo de escrever à *Folha da Manhã* e ao *Jornal de S. Paulo*, pedindo permissão que logo foi dada.

Ainda hoje vou escrever ao Morel Marcondes dos Reis, redator-chefe de *O Jornal de S. Paulo*, para conseguir colaboração sua, nos mesmos termos da que eu lá mantenho: duas vezes por mês, cem cruzeiros cada vez, pagáveis ao fim de cada mês por cheque. Mal tenha a resposta – mesmo que isso seja mera formalidade, pois seu nome vale e bem –, lhe responderei a tal respeito. Aliás, me lembro de já ter visto cousa sua, aqui, creio que sobre Faulkner.

Diz V. que releu agora a *40ª porta*. Será que esse *Atlantique* faz com que um leitor da sua classe embarque nele duas vezes? Olhe, concordo, relativamente, a ser *Ter. Hum.*[3], meu melhor livro, mas...

Quanto ao verso de Fernando Pessoa já eu tinha descoberto que o escrevera errado, de "ouvido". A família me mandava folhetos, só agora é que tenho propriamente uma Fernandiana (se é que assim se pode dizer).

Está a sair – mas a Globo tem passo de tartaruga – o meu romance *A túnica e os dados*, sete capítulos, começando num Domingo de Ramos e acabando num Sábado de Aleluia, história dum garoto que fugiu de Marília para Santos. Gosto como que desse meu livro que me parece subconscientemente inspirado em *Tortilla flat*. Trata-se duma experimentação "em assunto brasileiro", vamos a ver que tal.

Só lhe poderei mandar meus livros, *A mulher que fugiu*, *O território* e *A quadragésima*, quando eu for a S. Paulo, pois aqui não tenho nenhum. Ora, isso só se dará lá para o fim do mês, ou primeiros dias de junho.

A mulher que fugiu de Sodoma foi aumentada no sentido de humanizar mais a Pervanche, criatura inventada, e tornar coerente a ida e estadia de Mário em Paris, pois me pareceu que um indivíduo com tanta trapalhada na vida não pudesse ir parar lá... assim à toa, não acha? Releia, quando eu lhe mandar, e creio que me vai dar razão. No mais, não mexi em nada. Toda a gente diz que ficou melhor.

Agora estou metido visceralmente em dois romances diferentíssimos, um "para dentro de mim mesmo, outro bem para fora". *A mão na aldraba*

---

3. O romance *Território humano*, publicado em 1936 pela Livraria José Olympio.

é o primeiro, e continua *O território humano*, aqui em Marília. O outro, *Terreno baldio*, é um livro tipo Fink, Doeblin, ou lá o que seja, enfim livro de rua, de miséria, mas sem *otcherk*, ou propaganda. Aliás, ambos os títulos são provisórios, de pasta, apenas. Não sei se os confirmarei. E V., em poesia, que tem feito? Sei que vai sair romance seu. Bravos.

Mando-lhe, pois, domingo, quatro colaborações, mas veja bem o que eu disse acima, nas linhas 11, 12 e 13 desta carta. Há tal embrulhada de calúnias, incompreensões e dialéticas, no momento, que não quero atrapalhar V. absolutamente. Um abraço do
José Geraldo Vieira

Marília
21 de maio de 1946

Meu caríssimo Lêdo Ivo.
Um abraço. Conforme você me pediu e lhe prometi, estou lhe remetendo duas colaborações para jornais do Rio. Publique onde quiser, e depois basta me mandar em carta um único recorte, pois tenho cópia (e nem é isto matéria inédita e sim cousa já publicada em São Paulo). Mas... se acaso advier qualquer dificuldade, você me entende, não tem a menor importância, conforme já lhe escrevi há uns dias, dando as razões deste meu pressentimento.

Nestes dias lhe mandarei mais duas colaborações. Caso não lhe dê massada, me devolva os retratos, pois aqui em São Paulo o Brito, da página literária de *O Jornal de S. Paulo*, está me pedindo para fazer publicidade de *A Túnica e os dados* com eles.

Sempre seu amigo, multiplicado,
José Geraldo Vieira

São Paulo
10 de julho de 1946

Querido Lêdo.
Vamos por partes, porque o labirinto é encrencado. Não sei se você recebeu uma carta que foi com dois endereços prováveis. É que me mudei de Marília, depois do meu plano qüinqüenal, e estou na ubiqüidade São Paulo–Rio, que, como toda ubiqüidade, apenas até agora está preenchida pelo primeiro termo São Paulo. Ao me mudar meti tonelada e meia de livros e papéis, onde as suas cartas centimetrais ou miligraméticas se perderam no mundão da livralhada.

A Cia. Paulista, por onde tudo devia vir despachado para aqui, demora muito. Fiquei, pois, sem saber seu endereço que não decorara e aflito pois tinha que lhe dar resposta quanto à sua colaboração em São Paulo.

Se, pois, você não recebeu a tal carta *radar*, vai esta que explica quanto à sua colaboração o seguinte: *O Jornal de S. Paulo*, quase clandestino ainda quantos leitores neste *maremagnum* de Hertts e Matarazzos e Chateaubriands da imprensa paulistana, não serve, pois você precisa de público e de cobre, cousa em que em ambas *O Jornal de S. Paulo* às vezes se atrasa. Quanto aos *Diários*, você manda neles. Quanto ao *Estado*, você já colabora lá.[4] Restava as *Folhas*. Mas superlotadas com o exército do Pará da colaboração daqui, esta gente não dorme, me pede o dono daquilo – máscara de Matarazzo, o Nabatino Ramos –, e me pede com a auto-suficiência dos novos-ricos, que você, que ele vem admirando muito pelo *Correio da Manhã*, *Jornal* etc., por meu intermédio, dois artigos teste, para então se encravar na colaboração sistemática. Mande-os, pois, e com o seu endereço para a ficha de pagamentos, pois o fazem em cheque. Meu endereço é:

o meu nome (pois ainda não sou homem massa), e mais o seguinte:

---

4. Desde 1944, Lêdo Ivo, a convite de Sérgio Milliet, colaborava em *O Estado de S. Paulo*. Nos anos em que Décio de Almeida Prado dirigiu o famoso "Suplemento Literário", essa colaboração tinha um caráter semanal. Quando o suplemento passou a ser dirigido por Nilo Scalzo, Lêdo Ivo foi também um colaborador assíduo. Quase toda a sua prosa ensaística e o cronicário foram acolhidos por esse jornal.

S.Paulo.1o+7+46-

Querido Ledo.

Vamos por partes,porque o labirinto é encrencado.Naõ sei se voce recebeu uma carta que foi com dois endereços provaveis.E que me dudei de Marilia, depois do meu plano quinquenal, e estou na ubiquidade São Paulo-Rio,que como toda ubiquidade apenas,at´ agora esta preenchida pelo primeiro termo Saõ Paulo.Ao me mudar meti tonelada e meia de livros e papeis,onde as sua artas centimetrais ou miligrameticas se perderam no mundão da livralhada A Cia Paulista por onde tudo devia vir despachado para aqui,demora muito. Fiquei, pois sem saber sem endereço que naõ decorara e aflito pois tinha que lhe dar resposta quanto a sua colaboração em S.Paulo.
Se,pois,voce naõ recebeu a tal carta radar,vai esta que explica quanto a sua colaboração o seguinte: O Jornal de S.Paulo,quase clandestino ainda quantos leitores neste maremagnum de Hearsts e Matarazzos e Chateaubriands da imprensa paulistana,não serve,pois voce precisa de publico e de cobre cousa em que,em ambas O Jornal de S.Paulo as vezes se atrasa.Quanto aos Dairios,voce manda neles.Quanto ao Estado,voce ja colabora la.Restava as Folhas. as superlotada com o exercito do Pará da colaboração daqui, esta gente não dorme, me pede o dono daquilo,-mascara de Matarazzo, o Nabeti no Ramos e me pede como autosuficiencia dos novos ricos,que voce que ele vem admirando muito pelo Correio da Manha,Jornal,etc,mande,por meu inter medio dois artigos tests,para então se encravar na colaboração sistemati. ca.Mande-os,pois, e com o seu endereço para a ficha de pagamentos,pois o fazem em cheque. Meu endereço é
o meu nome(pois ainda naõ sou homem massa, e mais o seguinte: Editora Globo.
Rua Xavier de Toledo,114 4º andar.Saõ Paulo.
Saindo agora do labirinto,agradeço os artigos que publicou e passo a mandar outros,com regularidade,caso isso dê certo ai com voce.Minha mulher já recebeu os cobres lá e o dinheiro é para a briançada ,de maneira que a an sia e espetacular.Hoje chegou,remetida de Marilia, a sua carta onde com o segundo artigo,me vem a noticia sua do seu casamento.Fica a minha felici tação aqui para o fim,como base desta carta e desejo muito vivaz de que Lela com Ledo venha a dar uma geração adjetivamente camoneana.
Respeitos a sua senhora e abraços gratos do Jose Geraldo.

José Geraldo

Editora Globo.
Rua Xavier de Toledo, 114, 4º andar. São Paulo.

Saindo agora do labirinto, agradeço os artigos que publicou e passo a mandar outros, com regularidade, caso isso dê certo aí com você. Minha mulher já recebeu os cobres lá e o dinheiro é para a criançada, de maneira que a ânsia é espetacular. Hoje chegou, remetida de Marília, a sua carta onde, com o segundo artigo, me vem a notícia sua do seu casamento. Fica a minha felicitação aqui para o fim, como base desta carta, e desejo muito vivaz de que Lêda com Lêdo venha a dar uma geração adjetivamente camoniana.

Respeitos a sua senhora e abraços gratos do José Geraldo.
José Geraldo

São Paulo
24 de janeiro de 1948

Meu prezado Lêdo Ivo,
como durante vários dias não apareci na IPÊ, metido que estive em casa a preparar uns artigos didáticos sobre o implacável Pirandello, só hoje recebi sua carta para lá mandada decerto desde alguns dias já.

Já telegrafei a V. quanto à resposta. Aceito, pressuroso. Diga ao Adonias[5] – que eu tanto admiro mesmo quando no seu heterônimo de Djalma Viana – que não somente aceito como peço e solicito traduções, pois desde que fiquei avô resolvi (para que os netos admirem) viver só de literatura. Ora, como romancista só, não posso, pois há grande concorrência, inclusive a

---

5. Nascido em Itajuípe (BA), em 1915, e falecido em Ilhéus, em 1990, Adonias (Aguiar) Filho foi uma das figuras mais consideráveis da literatura brasileira, desde a década de 1940. O seu romance *Os servos da morte* (1946), no qual avulta uma notável precisão estilística, convizinha da linguagem cinematográfica, marca um momento em que o regionalismo mais entranhado funde-se com uma visão trágica da vida e uma penetração psicológica que enverada pelos mais sombrios e enigmáticos desvãos do destino humano. Em *Corpo vivo* e *O forte*, ele reafirma os seus notáveis dons de ficcionista aparelhado para narrar os conflitos de seres obscuros. Na direção da editora A Noite, Adonias Filho publicou *A cidade sitiada*, de Clarice Lispector, *Repouso*, de Cornélio Penna, *Guerra dentro do beco*, de Jorge de Lima, e ainda *Judas o obscuro*, de Thomas Mardy, e *A pérola*, de John Steinbeck. Além de ficcionista, Adonias Filho foi ensaísta e crítico literário e dirigiu a Biblioteca Nacional. Ingressou na Academia Brasileira de Letras em 1965.

dele: assim tenho que completar com tarefas no gênero traduções. Pode mesmo V. esclarecer ao nosso prezado quase e próximo amigo Adonias que sou cumpridor escrupuloso do texto e do prazo, tendo capacidade pelo menos quantitativa para devorar de 15 a 20 páginas por dia (ou por noite), já que a isso me obriga a besteira romântica de haver largado a clínica.

Portanto, não somente este livro de Steinbeck, mas a tentação bem mais que teórica de me incluir no quadro permanente de tradutores... com tradução permanente...

Não sei quando irei ao Rio, mas quando for preciso conhecer o Adonias, que é uma criatura que respeito não como Djalma, mas sim como o autor de *Os servos da morte*.

Pergunta V. que sumiço levei! Eu sim é que posso fazer essa pergunta, pois uma semana depois de haver recebido as alianças (não as de prata, das minhas bodas, mas as suas, do seu primeiro romance) lhe escrevi umas linhas anexando um artigo puxado à Baring etc., e até hoje estou à espera de resposta e de ver o artigo impresso conforme então lhe escrevi que fizesse, se possível, n'*O Jornal*, ou no *Correio*.

Pelo teor da sua carta, parece que V. não recebeu o artigo e isso, que é de pouca lástima, pois tenho cópia do artigo, me tira um peso da alma, pois eu estava crente que V. não tinha gostado do dito artigo. Não sei se o mandei para Laranjeiras ou para Copacabana já. Seja franco: se recebeu e não gostou (o que me parece incrível!) ou se não o recebeu, pois em tal caso lhe mando a cópia. Não o publiquei aqui porque achei melhor aguardar a saída do que V. tem na ipê e fazer então um estudo homologando ambos (com a vantagem, sejamos cinicamente sinceros: de a ipê pagar!).

Espero pois sua resposta e o livro de Steinbeck[6], e a promessa de novas traduções. Um abraço a V., outro ao saudoso Jorge Lacerda[7] e o terceiro, meio amado, ao Adonias.

---

6. Trata-se de *The pearl* (*A pérola*), de John Steinbeck, que José Geraldo Vieira traduziu para a editora A Noite.
7. Jorge Lacerda dirigia o suplemento Letras & Artes, de *A Manhã*, um dos mais influentes do país. Natural de Santa Catarina e filho de imigrantes gregos (seu sobrenome era na verdade Lakerda), ele foi eleito, anos depois, deputado federal, e, em seguida, governador do Estado. Um desastre aéreo, em 1952, interrompeu a sua brilhante e meteórica ascensão política.

E às ordens de vocês três, aqui fica o José Geraldo Vieira.

(Diga ao Adonias – enquanto eu não o fizer pessoalmente – que me sensibilizou bastante o voto dele quanto ao melhor romance de 1947.)

Dia 29 vou a Curitiba, com o Sérgio Milliet, fazer uma conferência. Mas voltaremos dia 31 e então enfurnarei em Steinbeck.

A Noite vai publicar com os desenhos do Orozco?
José Geraldo Vieira

São Paulo
21 de maio de 1948

Meu querido Lêdo Ivo,

fui até aí, ao Rio, casar minha filha Martha. Aproveitei uma tarde para visitar a Editora A Noite, o Adonias e você. Mas só depois de andar todo aquele cais do porto (aliás com a sensação de desembaradiço...) é que no sobrado conspícuo me disseram que o Adonias e você só trabalham de manhã. Ainda bem que, como consolo simbólico, me foi mostrada a edição fresca ainda de máquina de *A pérola*, traduzida (ou brunida) por mim.

Aqui estou de volta. Nem o Jorge consegui ver, pois esse então só trabalha depois das cinco da tarde.

Remeto pois pelo correio o que lhe queria entregar pessoalmente, isto é, dois estudinhos (em gíria de virtuose de piano) sobre seus romances. Um em estilo de Ministério da Guerra, outro em estilo de Ministério das Relações Exteriores, ou, pormenorizando: um, grave, carrancudo, outro afável, protocolar. Mas... no mínimo bem de coração.

Vocês aí gostaram mesmo da tradução de *A pérola*? Acabo de receber aqui o exemplar que me destinaram. Obrigado. E diga ao Adonias que fui visitá-lo tanto aí na Editora como na Vanguarda, não o tendo achado por já ser mais de três horas da tarde. E reitere-lhe que, além do mais, estou às ordens para quaisquer outras traduções. Um abraço do
José Geraldo Vieira

Xavier de Toledo, 114, 4º andar (Câmara Brasileira do Livro) é o endereço mais apropriado, pois faço desse ponto uma espécie de consulado.

Só agora, que acabei de traduzir o primeiro volume de Churchill, é que vou recomeçar a colaboração em Letras & Artes. Antes andei "abafado", traduzindo dia e noite.

Otto Maria Carpeaux

Meu caro amigo Ledo Ivo,

esperei até o fim do ano para lhe agrade[cer] o volume, o que me[u] deu oportunidade para [ler] do que uma vez. Como Você sabe, não est[ou] [lendo] atualmente nos jornais — tambem co[mo] [mo]tivos. Sem dúvida vou, porem, ter ocasião para dizer public[amente] o que eu já dis[se a] [vár]ios amigos quando Você public[ou] aqui os [p]reitos versos, e que posso repetir agora co[m] [c]onsa muito maior: acho que Você é um talento extraordinário; sei que já hoje [mui]tos [acr]editam em Você, e que Você terá um grand[e futu]ro. Estou muito satisfeito que Você se enc[ontr]a[r] os meus amigos, poucos mas bem escolhi[dos.] [Cre][i]a-lhe tambem acredite-me seu sincero "admirador" não digo porque a palav[ra é u][sa]da e não exprime bem o meu grande apr[eço pe]la poesia.

Seu Otto Maria Carpe[aux]

Otto Maria Carpeaux (1900-1978)
Acervo *Última Hora*/Arquivo do Estado de São Paulo

Rio de Janeiro
26 de dezembro de 1945

Meu caro amigo Lêdo Ivo,
esperei até o fim do ano para lhe agradecer o seu volume, o que me deu oportunidade para lê-lo mais do que uma vez.[1] Como você sabe, não estou escrevendo atualmente nos jornais – também conhece os motivos. Sem dúvida vou, porém, ter ocasião, um dia, para dizer publicamente o que eu já disse a vários amigos quando você publicou aqui os seus primeiros versos, e que posso repetir agora com segurança muito maior: acho que você é um poeta de talento extraordinário; sei que já hoje muitos acreditam em você, e que você terá um grande futuro. Estou muito satisfeito que você se encontre entre os meus amigos, poucos mas bem escolhidos, e peço-lhe também acreditar-me seu sincero amigo – "admirador" não digo porque a palavra está gasta e não exprime bem o meu grande apreço pela sua poesia.[2]
Seu
Otto Maria Carpeaux

1. *Ode e elegia.*
2. Ao chegar ao Rio, em 1943, Lêdo Ivo conheceu pessoalmente Otto Maria Carpeaux (Viena, 1900-Rio de Janeiro, 1978). Tendo vindo da Áustria, como judeu exilado, exercia então um verdadeiro magistério cultural, que haveria de prolongar-se por toda a sua existência, mesmo quando cessou a exaltação intelectual gerada por obras como *A cinza do purgatório* e *Origens e fins*. A sua volumosa *História da literatura ocidental* contribuiu ainda mais para dilatar os novos horizontes por ele desdobrados, numa atuação a que não faltaram colisões e reações diversas, e que acendiam o seu espírito polêmico.

Ribeiro Couto

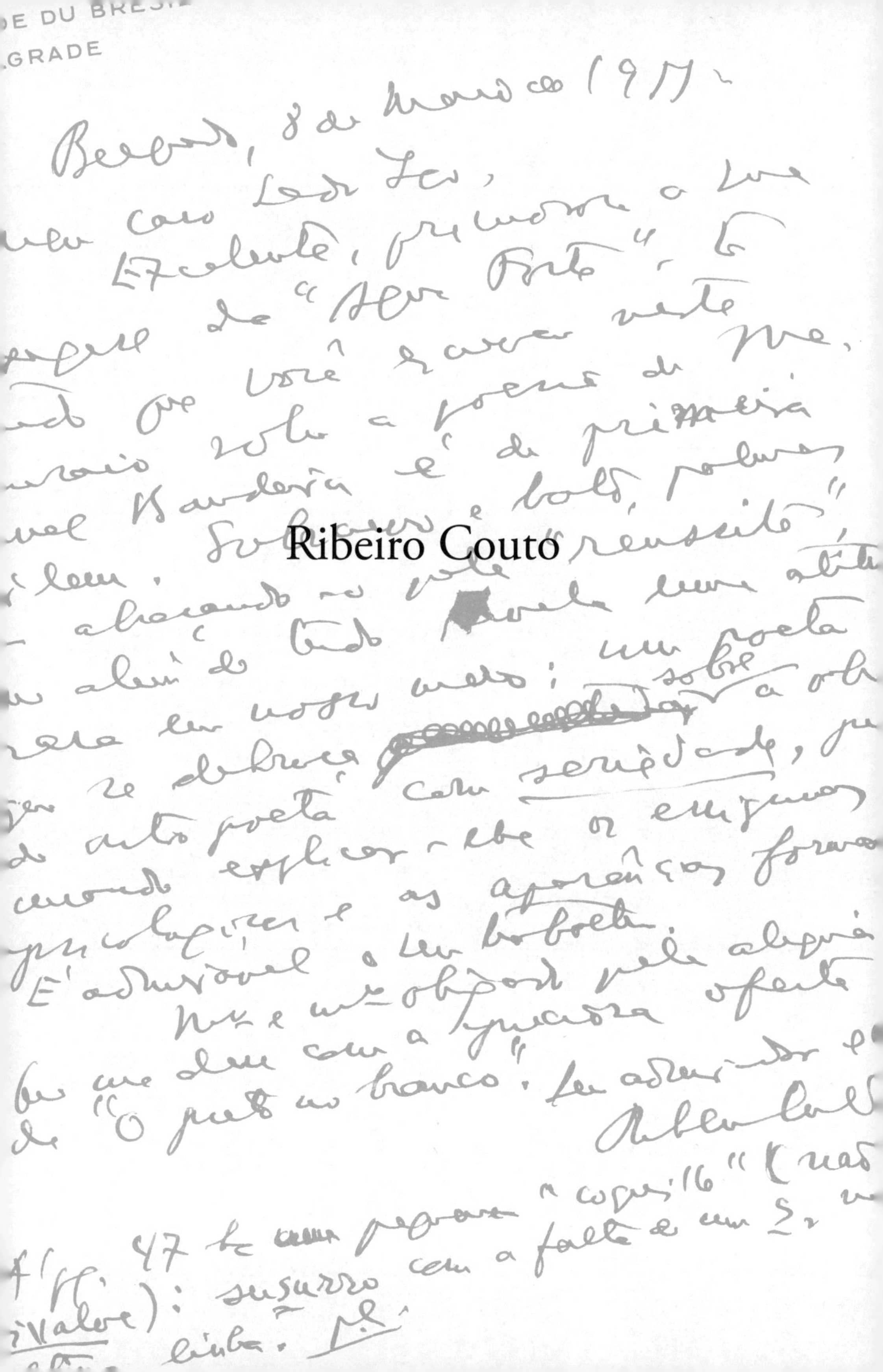

Ribeiro Couto (1898-1963)
Arquivo-Museu de Literatura Brasileira/Fundação Casa de Rui Barbosa

Belgrado
15 de janeiro de 1949

Ao Lêdo Ivo,
  este "gagá de 22"[1] agradece, encantado, a oferta de *Ode ao crepúsculo*.[2] Entre outras coisas belas, "O retrato" é uma maravilha. (Quem é ela, hein?)
Ribeiro Couto[3]

p.s.: Quero conhecê-la...

---

1. Alusão à sua participação no movimento modernista, então alvejado pela emergente geração de 1945, que tinha em Lêdo Ivo uma de suas referências mais nítidas e ousadas.
2. *Ode ao crepúsculo*, publicado em 1948 pela Editora Pongetti.
3. Da amizade que uniu Ribeiro Couto e Lêdo Ivo, deve-se dizer que foi eminentemente epistolar. Em seguida à empatia que os ligou quando se conheceram na redação de *A Manhã*, em princípios de 1943, foram raros os seus encontros pessoais. Pouco tempo depois, Ribeiro Couto, em sua condição de diplomata, foi servir em Lisboa, e os dois poetas jamais voltaram a encontrar-se. Assim, foi por meio de cartas e de livros que se teceu essa amizade. Em seu ensaio "O governador da nostalgia", publicado no livro *A ética da aventura* (Livraria Francisco Alves Editora, 1982), Lêdo Ivo consigna o seu apreço pelo companheiro ausente e presente em sua vida, pelo poeta cujos versos "têm, como um ramalhete rico de orvalho, o perfume do Brasil".

Belgrado
9 de dezembro de 1949

Meu caro Lêdo Ivo,
recebi esta manhã o *Cântico*.[4] Li imediatamente vários poemas, entre os quais a tocante, profundamente tocante "Pequena elegia". Que alegria receber um livro como o seu! Parece, mergulhando-se nele, que a gente está tomando banho de ruas, sai-se dali todo molhado de poesia.

Cântico será um dos meus maiores prediletos.

Seu admirado e confrade
Ribeiro Couto

Belgrado
8 de maio de 1951

Meu caro Lêdo Ivo,
excelente, primorosa a sua exegese de "Água-forte".[5] E tudo que você escreve neste ensaio sobre o poema de Manuel Bandeira é de primeira ordem. Subscrevo e bato palmas – abraçando-o pela *réussite*, que além de tudo revela uma atitude rara em nosso meio: um poeta que se debruça sobre a obra de outro poeta com *seriedade*, procurando explicar-lhe os enigmas psicológicos e as aparências formais. É admirável o seu trabalho.

Muito e muito obrigado pela alegria que me deu com a generosa oferta de *O preto no branco*.

Seu admirador e amigo
Ribeiro Couto

À página 47 há uma pequena *coquille* (não-*bivalve*): "susurro" com a falta de um *s* na última linha.

R C

---

[4]. *Cântico* foi publicado em 1949 pela Livraria José Olympio Editora.
[5]. *O preto no branco (exegese de um poema de Manuel Bandeira)*. Rio de Janeiro: Livraria São José, 1955.

Belgrado
7 de janeiro de 1952

Meu caro Lêdo Ivo,
bastariam dois poemas deste seu livro *Linguagem*[6] – "Canto grande" e "A morte nos rios do Brasil" – para que o meu abraço de agradecimento e de felicitações fosse, como vai, carregada de comoção. Uma voz como a sua é das que nos enriquecem a todos nós, poetas do Brasil. Você é um banqueiro da poesia – um banqueiro perdulário que quanto mais atira os tesouros pela janela, mais fortuna tem. Deus o conserve assim – e lhe multiplique os bens.
Seu muito grato e afetuoso
Ribeiro Couto

Belgrado
27 de agosto de 1952

Meu caro Lêdo Ivo,
estou recebendo, encantado, sua carta de 7 do corrente, acompanhada da amável nota que você publicou no *Correio da Manhã*. Se a nota me foi muito agradável, por certas coisas que você ali disse tão hábil e generosamente, a carta o foi mais ainda, pelo calor de alma que dela se desprende, e me bafejou como um vento do mar, do nosso mar, vento carregado de carícias vegetais, marinhas e outras. Confesso que me surpreendeu sua carta. Não sabia que você tinha pela minha obra a afeição que me testemunha. Todas as vezes que recebi um livro seu, e lh'os agradeci dizendo quanto a sua poesia me é cara, não tive em mente a esperança da reciprocidade. O ato de admirar, ato de amor, já em si mesmo tem a sua paga. Eis porém que você me conta – e como isto me sensibiliza! – que há quase 20 anos me lê.

---

6. *Linguagem* foi publicado em 1951 pela Livraria José Olympio Editora.

E no modo por que você o diz há uma força de sinceridade, de simpatia autêntica, que sua carta é para mim um presentão inesperado, desses que a gente, de tanto gostar, põe na cabeceira da cama, entre o copo d'água e o vaso de rosas, para olhar bem e bastante, longamente.

E já descubro em você um amigo que tinha há 20 anos – e que eu ignorava fosse meu amigo, bastando ser, como já era, o grande poeta da nova geração, que admirei desde os primeiros poemas –, quero sempre (sempre que você puder), notícias suas.

A propósito de notícias (ou sem propósito): mande-me uns dois poemas inéditos, para uma revista do México (*Poesia de América*), que os publicará em português. Mande-me também um exemplar de cada um dos seus recentes livros de poesia, para que eu os transmita a um amigo, poeta iugoslavo, que traduziu todo um volume de versos meus (a sair agora em setembro), e está traduzindo poemas do Manuel Bandeira (como traduziu já do Casais Monteiro e do Miguel Torga). Não se esqueça! E cartas, cartas!

Afetuoso abraço
Ribeiro Couto

O *Barro do município* está só à espera de uma leitura minha. Os recortes colados exigem certos retoques. Tenho tido muito trabalho. Nem você imagina o esforço que é preciso para ocupar-me das *coisas verdadeiras* – as que não passam (as coisas irmãs do dito vento do mar).

R. C.

Belgrado
20 de novembro de 1952

Caro Lêdo Ivo,
você me pediu colaboração. Eu sou difícil para colaboração, porque minha fábrica é lenta e atormentada de dúvidas.

Entretanto, esta noite (são 2 da manhã de 19, e portanto 20 de novembro) trouxe comigo um gatinho, que está ali dormindo, numa almofada.

Que sono inocente! Meu canário que se chamava Bizico morreu há um mês (os antigos secretários em Belgrado, Arnaldo de Oliveira Ferreira e Vasco Mariz[7], bem que o conheciam); morreu há um mês e me deixou um grande vazio. Creio que foi por causa dessa dor recôndita que recolhi hoje na rua o gatinho preto-e-branco.

Escrevi, ao correr do teclado, estas linhas que aqui vão. Não sei se valerá a pena publicá-las. Em todo o caso, é colaboração: colaboração da noite com a minha solidão.

Um grande abraço do poeta ausente e presente

Seu amigo

Ribeiro Couto

Belgrado
26 de julho de 1953

Caro Lêdo Ivo,

obrigado pela sua carta de 20 do corrente e pela sua iniciativa sobre os contos reunidos.[8] Topo!!

Abraços.

Estou chegando de férias, com montanhas de papéis burocráticos. Até breve.

Seu admirador e amigo

Ribeiro Couto

---

7. O escritor e diplomata Vasco Mariz, hoje aposentado, é consagrado ensaísta e musicólogo, e autor de vários trabalhos sobre Ribeiro Couto.
8. Lêdo Ivo havia sugerido ao editor José Olympio as *Poesias completas* e os *Contos completos* de Ribeiro Couto. Como decorrência dessa sugestão, foi publicado em 1960 o volume *Poesias reunidas*, abarcando desde *O jardim das confidências* (1915-1919) a *Entre mar e rio* (1943-1946).

Belgrado
6 de dezembro de 1953

    Meu caro Lêdo Ivo,
    muito obrigado pela sua carinhosa carta de 30 de novembro.
    O cartão de Amsterdã veio sem assinatura. Não reconheci a letra e perguntei ao José Augusto quem era o autor.[9]
    Vão aqui dois exemplares da publicação de *Duigi Dan*, em que trato de alguns aspectos da tradução de poesia.
    Até breve se Deus quiser.
    Seu
    Ribeiro Couto

Belgrado
21 de junho 1957

    Meu querido Lêdo Ivo,
    estou convalescendo de uma operação dos olhos e impedido de ler e de escrever por enquanto. Mas, para quebrar a monotonia da convalescença, estou pondo em dia a minha correspondência e ditando cartas a minha secretária. No ano passado e no princípio deste o excesso de trabalho na Embaixada me impediu de responder a numerosas cartas de amigos e de agradecer numerosos livros. Logo entretanto que recebi *Um brasileiro em Paris*[10] li todas as suas páginas e tencionava mandar-lhe uma longa carta. Sou um obscuro vassalo desse *Rei da Europa*. Seu livro contém maravilhas. Ainda agora pedi a minha secretária que lesse algumas poesias, entre elas a deliciosa "Honfleur". Muito atrasado embora, mas muito apertado vai

---

9. Lêdo Ivo, então em Paris, fora juntamente com Lêda passar uma semana em Amsterdã, a convite de José Augusto Alvim, que ocupava a chefia do Escritório Comercial do Brasil na Holanda, e era também amigo de Ribeiro Couto.
10. *Um brasileiro em Paris e o rei da Europa*. Rio de Janeiro: Livraria José Olympio Editora, 1955.

Belgrado, 6-XII-53,

Meu caro Leão Tross

Muito obrigado pela sua
carinhosa carta de 30-XI.

O cartão de Amsterdam
veio sem assinatura. Não
reconheci a letra e pergunto
se José August' Meyer era o
autor.

Vou agora dar exemplares
do prefacio a "Drug's Den",
em que trato de algumas aspectos da tradução de
poesia. Até breve, e meus
agradeci-
          Seu
              Ribeiro Couto

aqui o meu abraço de agradecimento e felicitações ao grande poeta que tanto admiro, apesar de saber que não gosta do território da nostalgia, do qual sou governador e oligarca.

Saudades,
Ribeiro Couto
Qual o endereço de sua residência?

Belgrado
31 de agosto de 1959

Meu grande poeta Lêdo Ivo:
o Nelson de Souza Carneiro, que aqui me veio ver, disse-me (incerto) que você não está trabalhando na *Tribuna da Imprensa* e sim no *Correio da Manhã*. Afinal, estas linhas vão para a rua Farani, e espero cheguem às suas mãos, com pedido de notícias da sua vida e das suas atividades.

Há anos que você me vinha estimulando a reeditar contos e poesias. Acabei voltando a escrevê-las. Tenho *Poesias reunidas* e *Contos reunidos* a aprovar na José Olympio, dois livros dos quais se tem ocupado, com carinho fraternal, o Dante Costa, meu intermediário na remessa dos originais. E uma nova edição (definitiva) de *Cabocla*.

Talvez por efeito dos maus momentos por que tenho passado com as operações nos olhos (já três no direito e cinco no esquerdo), a veia poética tem se manifestado. Estou trabalhando na conclusão de um livro de versos que os fatores consulares e os vistos em passaportes (*j'en passe*) estavam atrapalhando há mais de dez anos. Afinal, é preciso escovar a roupa preta com que se tem de ir para a sepultura.

Há precisamente dois anos e dois meses escrevi-lhe uma carta que devia acompanhar uma poesia intitulada "Elegia de Trieste – *in memoriam* Raul de Leoni".[11] Quando reli a poesia (ilegível), achei que faltava dar-lhe uns

---

11. Este poema de Ribeiro Couto figura em seu livro *Longe*, publicado em 1961 pela Editora Civilização Brasileira.

certos toques – e, assim, carta e poesia ficaram [?]. E dois anos e dois meses já se passaram... Só que "poli" a poesia a meu gosto. Mas devo e devo a você este confronto para me justificar do silêncio [?] dois anos e dois meses. No entretempo, conheci deveras imobilizações na cama de operado hospitalar.[12] Explicado isso em poucas palavras, que a sua imaginação completará, creio que serei perdoado de tão longo silêncio. Queria reafirmar-lhe aqui a minha gratidão pelo muito que você me [...].[13]

Belgrado
10 de dezembro de 1959

Meu caro e grande poeta Lêdo Ivo,
sua carta de 25 de novembro foi um banho de generosa sensibilidade, de afeto e de boas notícias.
Depois de outra operação, recomeço agora a escrever, como vê. E mando-lhe logo os meus votos de um ano-novo feliz e glorioso.
Seu muito grato admirador e amigo
Ribeiro Couto
Mudou-se da rua Farani? Qual o novo endereço?

Belgrado
30 de março de 1960

Meu caro Lêdo Ivo,
fiquei muito sensibilizado com os dois artigos que teve a generosidade de escrever sobre mim e a gentileza de mandá-los imediatamente em recorte. Devo dizer que outros amigos também me remeteram os recortes, porque são leitores seus, e alguns também seus amigos.

---

12. Os problemas oculares de Ribeiro Couto justificam a circunstância de certos termos da carta, escrita à mão, serem ilegíveis.
13. O original desta carta está incompleto.

Quero lhe explicar aqui que os sonetos escritos em Belgrado não são muitos e não levarão esse título, porque serão publicados com outros que escrevi na Dalmácia e até mesmo na Bulgária, como é o "Parque deserto", que já saiu no *Diário de Notícias* há quatro ou cinco anos atrás. Aconteceu que veio ver-me uma mocinha do jornal *Borba*, por aquela mesma ocasião, para entrevistar-me. Eu contei-lhe que era muito lento para escrever e sobretudo para dar por terminada uma poesia, e em apoio da confidência mostrei-lhe várias folhas de papel rabiscadas. Ela perguntou o que era. Respondi que eram sonetos de Belgrado, isto é, escritos durante o tempo vivido em Belgrado. Ora, dois dias depois ela publicou um tro lo ló sobre mim, sem minha revisão e portanto sem a minha censura; e tive a surpresa de ler a entrevista com este título: *Sonetos de Belgrado*. Houve portanto um grande equívoco. Tanto mais que a mocinha era uma principiante do jornalismo e de resto só falava inglês, devendo entender-se comigo através do fotógrafo que a acompanhava, antigo soldado da França na 1ª Guerra Mundial. Deve ter havido da parte da mocinha uma certa satisfação bairrista. Eu chamaria a estes sonetos *Sonetos de Belgrado*, com imenso prazer, se todos fossem escritos aqui, como chamei "Sonetos da rua Castilho"[14] aos que escrevi na minha casa daquela rua em Lisboa. Outro assunto: obrigado pelo convite de me ajudar à coleção que você prestigiosamente vai inaugurar no Carlos Ribeiro. Vou pensar no assunto. Por ora, a minha tendência é incorporar os sonetos aos demais versos que vão constituir um volume novo. Para publicar este volume só estou aguardando que saia o das *Poesias reunidas*.

Grande abraço do seu
Ribeiro Couto

---

14. Os "Sonetos da rua Castilho" figuram no livro *Entre mar e rio* (Lisboa: Livros do Brasil, 1952).

Belgrado
2 de dezembro de 1960

Meu caro Lêdo Ivo,
aqui vai uma poesia inédita, do meu próximo livro *Longe*. Escrevi-a no ano passado, convalescente de uma das minhás várias operações. A visita à rua Marquês de Abrantes é portanto imaginária. Mas imaginária não é a casa derrubada. Ficava na esquina da rua Paissandu. Como você vê, entrei na idade em que o passado se confunde com o presente. Vai isto dito aqui confidencialmente.

Suponho que partindo hoje, 2 de dezembro (data aniversária de d. Pedro II), esta colaboração chegará a tempo para o seu suplemento de Natal ou redondezas.[15] Se quiser dar-me um prazer gráfico, publique-a em corpo 12, redondo, negrito.

E aproveito o bilhete para mandar-lhe também os meus votos de feliz Ano Novo e de novos grandes poemas.

Com todo o apreço,
seu amigo e admirador
Ribeiro Couto

P.S. Encontrei o modelo de que muito gosto; deve ser num quadro com duas colunas com este negrito, conforme o *Diário de Notícias* publicou "Jandira" e outras poesias minhas. Se me puder satisfazer, fico-lhe agradecido.

VISITA A RUA MARQUÊS DE ABRANTES

Pela rua Marquês de Abrantes
Andei toda a noite passada
E não achei mais a fachada
De uma casa que havia antes.

---

15. Lêdo Ivo dirigia então o suplemento literário da *Tribuna da Imprensa*, da qual era redator.

Ali tudo mudou de vida.
Hoje é uma rua diferente.
Já não é mais a mesma gente
Ou sequer gente conhecida.

Este nome, Marquês de Abrantes,
Bolia em não sei quê comigo,
Dava um sabor de tempo antigo
A certo idílio de estudantes.

Amor que a pouco se aventura
Além de sonhos e de planos,
Tinha seus encantos urbanos
Que eram do quadro e da moldura

A tremer na noite de frio,
Andei assim horas inteiras:
Voltava a olhar duas palmeiras
Mortas num terreno baldio.

Perdido no meu devaneio,
Vi de novo aquela fachada
E uma janela ilumina
De onde o riso de alguém me veio.

Ribeiro Couto
Do livro inédito *Longe*[16]

---

16. O livro seria publicado em 1961.

Belgrado
24 de março de 1961

Meu caro Lêdo Ivo,
já não me lembrava daquela história do acento circunflexo no Lêdo. Entretanto, eu teria feito hoje mesmo a mesma reflexão se você, me aparecendo com 18 anos como então, tivesse o ar de quem aceita sugestões afetuosas de um camarada já vivido. Continuo achando inútil o circunflexo.[17]

Não vá cometer a indiscrição de botar no jornal o que lhe vou dizer. Entretanto, é pura verdade histórica e até hoje secreta. Como eu não tivesse dinheiro quando fui eleito em 1934 para a Academia, simples cônsul de terceira classe recentemente promovido depois de quatro anos de auxiliar de consulado, fiquei muito atrapalhado com o caso do fardão. Na minha terra não sou profeta e de lá, do cais de Santos, não veio iniciativa alguma para que o fardão me fosse oferecido pelos meus conterrâneos, como sucede em geral com os novos acadêmicos, se nascidos no Norte, esse Norte

---

[17]. Lêdo Ivo conta, em *Confissões de um poeta*, como conheceu pessoalmente Ribeiro Couto, algumas semanas após sua chegada ao Rio, em janeiro de 1943: "Jorge de Lima me levara a Múcio Leão que, no matutino *A Manhã*, dirigido por Cassiano Ricardo, editava o suplemento Autores & Livros, onde logrei estampar alguma prosa e alguma poesia. Lá encontrei Ribeiro Couto, diretor de um suplemento voltado para a cultura latino-americana. Ao lhe ser apresentado por Jorge de Lima, surpreendi-me: 'Lêdo Ivo? Como não o conheço? Ele é do grupo de Willy Lewin e do Vicente do Rego Monteiro, do Recife'. Subitamente interessado em meu porvir literário, Ribeiro Couto intimou-me: 'Você tem que mudar de nome. Com esse nome, você não vai fazer carreira'. Não era a primeira pessoa que, no meio literário e jornalístico, se insurgia contra a minha certidão de nascimento. No Recife, Gilberto Freyre julgara tratar-se de um pseudônimo mal escolhido. Em algumas redações de jornais, aonde eu ia em busca de um emprego, meu nome causava estranheza. 'Lêdo Ivo de quê?' Explicava que Ivo era o sobrenome paterno, e meu nome inteiro se resumia a sete letras. Houve mesmo um jornalista que teceu, para gáudio de toda uma redação tresnoitada, comentários sobre aquele desapontado postulante a um emprego cujo nome curtíssimo equivalia, em juízo, a um não-nome. E exclamava, deslumbrado com a sua própria inteligência: 'Lêdo Ivo! O nome acaba quando começa'. Por mais judiciosas que fossem as ponderações de Ribeiro Couto, não aceitei a sua sugestão de mudar de nome, ou encompridá-lo com a adoção dos sobrenomes maternos. À saída, ele me fez uma súplica, aludindo ao meu acento circunflexo, que contraria as ortografias mais preclaras: 'Mas pelo menos tire o chapeuzinho!' Não tirei, considerando que é tarefa do revisor. E o singular é que também Manuel Bandeira era da teoria de que meu nome não haveria de *pegar*. Num cartão que me mandara quando eu, ainda em Maceió, ousara remeter-lhe alguns poemas, ele me perguntava, curioso: 'Lêdo Ivo de quê?'. E, em nossos primeiros encontros no Rio, a interrogação voltou e chegou mesmo a escolher, para mim, e com base num dos sobrenomes maternos, um nome que, a seu ver, tinha todas as condições de abrir-me as portas da literatura brasileira. Eu deveria passar a chamar-me Lêdo Ivo de Araújo. Mas houve os que me aceitaram ou acolheram sem perquirir do nome, e mesmo achando que era um autêntico nome de poeta, condensa e misterioso."

do qual eu teria recebido o fardão, caso meu pai não houvesse emigrado para os litorais paulistas. Como resolver o problema da sessão solene de recepção! Aconteceu que um dos acadêmicos me confiou ao pé do ouvido que não precisava mais daquele fardão, porque não gostava de envergá-lo, e o ofereceu à venda por um conto de réis. Era mais fácil conseguir o conto de réis para o fardão velho do que os 20 ou 30 para o Almeida Rabelo, que então os mandava executar por esse preço. Hoje parece que anda pelo preço de 80 ou 100 mil cruzeiros. Meu caro Ledo Ivo sem circunflexo: o meu fardão já não me serve, porque estufei no peito e na barriga. Se você for eleito e não tiver do berço nordestino o presente clássico, é só guardar o segredo e aparecer na sessão solene com um fardão patinado em seus ouros, mas ainda capaz de arrostar as luzes da cena. Estou falando sério. Dói-me no coração não encontrar utilidade para este veterano que defendo das traças com muita naftalina e amor. Que fazer dele? Se estivéssemos no tempo do Kubitschek, eu sugeriria a criação do "museu histórico de fardões de Acadêmicos falecidos". Ele era muito camarada para assinar ordens perdulárias. Faria logo um decreto e até nomearia um amigo meu para diretor. Porém, no tempo do Jânio, a cana é dura, o Jânio seria capaz de mandar um bilhete ao ministro da Educação determinando a arrecadação de todos os fardões de Acadêmicos, como objetos de luxo, e o leilão público para acabar com os últimos vestígios de tal indumentária, adversa ao século da austeridade em que estamos entrando triunfalmente. Guarde tudo isto em segredo, e responda: quer o fardão de presente?[18] Seja ou não eleito agora, mas certamente eleito um dia, quer ficar armado deste fardão que o livrará das íntimas angústias do bem pobrezinho cônsul de terceira classe de 1934?

E afinal: já está marcada a sua eleição? Quando quer os votos?

Afetuoso abraço.

Ribeiro Couto

---

18. Os acadêmicos Cassiano Ricardo, Menotti Del Picchia, Múcio Leão e Guilherme de Almeida haviam lançado a candidatura de Lêdo Ivo à Academia Brasileira de Letras, na vaga de Antonio Austregésilo. Ele chegou a inscrever-se, mas desistiu, em favor de seu amigo e conterrâneo Aurélio Buarque de Holanda, que foi eleito. A oferta do fardão testemunha a afeição que Ribeiro Couto votava a Lêdo Ivo.

Belgrado
21 de outubro de 1961

Meu caro Lêdo Ivo,
sua carta sobre a edição Simões de *Cabocla* (é o texto definitivo, o único válido, seja dito de passagem) é mais do que uma saudação e uma notícia: é uma crítica literária honrosíssima. Sinto-me consolado ante palavras tais, uma vez que 30 anos depois de escrito aquele "desabafo", um homem do seu talento e da sua responsabilidade considera o livro digno de figurar ao lado daqueles que v. menciona. Quando apareceu, o pequeno romance foi julgado como superficial e frívolo por alguns críticos.

Guardei para mim um sorriso amargo, e hoje tenho a alegria de ver interpretado por v. cheio de louvores, que considero uma grande recompensa.

Já v. deve ter recebido as 400 figuras do meu "tijolo", as *Poesias reunidas*. Não as intitulei completas porque tinha outras poesias por acabar, que depois, como é meu costume, esfriam nas formas da minha gaveta de prateleira. As *Poesias reunidas* foram entregues ao José Olympio em 1957, logo depois de minha primeira operação, e é ao Dante Costa[19] e a v. que devo o estímulo de havê-las preparado para o transporte conjunto no ônibus de agora. Depois daquela data escrevi muito, e ao cabo tenho muita coisa feita, obra destes três últimos anos. Apurei 86 poesias que penso terem uma certa "unidade de tempo interior", numa sucessão de quatro partes (em que o livro se divide) que se encadeiam nos territórios da nostalgia (da minha governança de "ausente"). Sempre que trabalho no acabamento de meus versos penso em v. à distância e malgrado, por isso mesmo, a falta de contato visual, v. é um dos poucos discípulos em que experimento a ressonância da minha música.

---

19. Dante Costa (1912-1968), escritor, médico e jornalista, autor de *Feira designal* (1933), *Itinerário de Paris* (1939) e *Os olhos nas mãos* (1960).

Dentro de alguns dias lhe remeterei versos inéditos para seu suplemento da *Tribuna*. Enviarei também uma foto recente, para que v. verifique os estragos da idade [...][20].
Abraços do seu
Ribeiro Couto

---

20. Trecho ilegível.

Porto Alegre, 16 [...]

Meu caro Ledo Ivo:

Acabo de receber seu O SINAL SEMAFÓRICO. Obrigado! V. sabe como admiro a sua poesia. Vou deixar o volume sobre a mesinha de cabeceira para uma leitura (em muitos casos releitura) lenta. Desde menino aprendi que doce bom não se deve comer depressa, em grandes dentadas, mas saborear devagarinho.

Agora um negócio comercial. Será que V. queria me vender, emprestar ou alugar alguma de suas belas metáforas? Nesta altura da vida ando meio pobre delas, e estou precisando algumas para o livro que no momento escrevo. (O Quintana seria o outro "fornecedor".)

Um abraço muito cordial do
Érico Veríssimo

Erico Verissimo (1905-1975)
Acervo Literário de Erico Verissimo

Torres
3 de fevereiro de 1952

Meu caro Lêdo Ivo:
seu *western* me foi retransmitido de Porto Alegre para a praia de Torres, onde me encontro há um mês, mais mouro que nunca, e a escrever uma novelinha para as edições Hipocampo do poeta Thiago de Mello, e já a pensar na fauna e na flora de *Encruzilhada*.

Você quer saber se o tte. Rubim de *O retrato* é mesmo o gal. Góes Monteiro, que nele se reconheceu. Ora, a resposta só caberia num *western* se eu fosse o Aga ou Ali Kahn: como não sou, vai numa carta – esta.[1]

---

1. Quando da publicação de *O retrato*, volume inicial da portentosa trilogia *O tempo e o vento* de Erico Verissimo, começaram a circular rumores nos meios políticos, literários e militares de que o romancista tinha sido inspirado na figura do general Pedro Aurélio de Góes Monteiro para a criação da personagem tenente Rubim Veloso. Tudo contribuía para essa identificação: o espírito belicista, o autoritarismo, as idéias políticas e filosóficas, o culto a Napoleão e o estabelecimento de uma doutrina nacional que confiava ao Exército a missão de conduzir o país. Figura exponencial da geração que emergira no cenário nacional com a revolução de 1930, o general Góes Monteiro – líder militar incontestável, ministro da Guerra, comandante do Estado-Maior das Forças Armadas e sustentáculo do Estado Novo implantado por Getúlio Vargas – ajustava-se plenamente ao perfil desenhado, em tintas fortes, por Erico Verissimo. Redator da *Tribuna da Imprensa* (um redator que preferia ser fundamentalmente um repórter), Lêdo Ivo vislumbrou nos rumores correntes a possibilidade de reunir realidade e ficção numa grande reportagem, e telegrafou para Erico Verissimo. A resposta do romancista é um primor de malícia e de criação literária. Inicialmente, fundado em uma lembrança de infância, quando o general Góes Monteiro o pôs nos seus

Para principiar, Santa Fé não é Cruz Alta, embora entre a cidade imaginária e a real existam pontos de contato, pois ninguém pode – e às vezes nem quer – fugir às próprias lembranças. Quanto às personagens do segundo volume de *O tempo e o vento*, devo esclarecer que quando começam a dizer que as copiei da realidade a primeira impressão que tenho é a de que me estão acusando de roubo; a segunda, e mais profunda, é a de que estou sendo roubado.

Você já viu algum pintor, por melhor que fosse, pintar um retrato no escuro e conseguir fazê-lo parecido com o modelo?

O gal. Góes Monteiro serviu como aspirante ou tenente em Cruz Alta, minha cidade natal. Nesse tempo eu teria quando muito seis ou sete anos. A única lembrança que guardo desse tenente é a de um homem esbelto e alourado (veja o que são os olhos duma criança!) metido num uniforme branco imaculado e sentado num camarote do teatro Carlos Gomes, numa noite de 7 de setembro. Nessa festa cívica eu estava vestido à marinheira e lembro-me de que o tte. Góes me fez sentar em seus joelhos. (Que quadro, companheiro!) 18 anos depois avistei o cel. Góes Monteiro por ocasião da Revolução de 1930, e em 1943 encontrei-o, já general, no gabinete do então ministro do Exterior, dr. Oswaldo Aranha. Conversamos durante uns escassos dez minutos. E foi só.

joelhos, ele nos fala de um homem "alourado", quando na realidade o general Góes Monteiro, alagoano de nascimento, era de tez fortemente amorenada, e possuía traços de indelével mestiçagem. Em segundo lugar, nega que o general Góes Monteiro, um dos arquitetos da ditadura Vargas, tenha as características intelectuais e morais da sua personagem. Em suma: Erico Verissimo, nesta carta-depoimento, cria uma figura imaginária para a realidade com a mesma competência e mestria com que, em *O retrato*, produziu o tenente Rubim Veloso como uma ficção. Note-se ainda que ele não menciona o outro modelo que teria inspirado a confecção da sua personagem. Acrescente-se ainda que, como jornalista, Lêdo Ivo freqüentou por vários anos a casa do general Góes Monteiro, que era uma fonte cotidiana da imprensa. Quando Getúlio Vargas voltou ao poder, em 1951, como presidente eleito, os seus adversários contestaram sua vitória, sob a alegação de que não alcançara a maioria absoluta, embora ungido por 49% do eleitorado. Nessa ocasião, Lêdo Ivo ouviu o general Góes Monteiro, e sua declaração contundente, publicada em manchete em *A Vanguarda* (onde então trabalhava), constituiu um verdadeiro balde de água fria na grei dos contestadores. "Quem ganhou, ganhou", advertia o poderoso general Góes Monteiro, já convidado para ser o ministro da Guerra do antigo companheiro de revolução, e que ele ajudara tanto a implantar uma ditadura, em 1937, como a apeá-la do poder, em 1945. O pecúlio de impressões e observações recolhido dessa relação de cunho unicamente jornalístico, levou Lêdo Ivo a escrever um romance, *O sobrinho do general* (1964), em que muitos leitores identificaram, como personagem principal, o general Góes Monteiro. É a história de um general que, para salvar o Brasil "ameaçado" pela realização de uma eleição democrática, dá um golpe de Estado.

No tte. Rubim Veloso pretendi pintar o retrato dum militar apologista da guerra como oportunidade para ele próprio pôr em exercício suas qualidades de estrategista; dum egocêntrico com um complexo napoleônico; dum autoritário capaz de preconizar um dia como única salvação nacional a ditadura de sua casta; dum confusionista no terreno das idéias políticas e filosóficas; dum homem vaidoso e animado por um descomunal apetite de notoriedade e mando; dum oficial que um dia poderá sentir simpatia pelas idéias e métodos do nazismo; dum futuro político militante que trará o país em permanente sobressalto, criando uma atmosfera de caos propícia ao golpe de Estado que lhe há de proporcionar a oportunidade de ser o Chanceler Negro da nação.

Como podia o ilustre general Góes Monteiro reconhecer-se numa figura tão perniciosa e antipática? Acho-o muito mais complexo, imprevisível e pitoresco que qualquer de minhas criaturas fictícias!

Rubim Veloso é personagem duma história imaginária; o gal. Góes Monteiro pertence à História com H grande. Por isso aparecerá no terceiro volume de minha trilogia com o próprio nome e segundo suas palavras e obras. E não me venham depois culpar pelo que ele tiver dito e feito.

Um abraço para você e outros para o Lacerda, o Paulo e o Cavalcanti.
Erico Verissimo

Porto Alegre
4 de novembro de 1957

Meu caro Lêdo Ivo:
muito obrigado pelo seu *A cidade e os dias*, que acaba de chegar. Acompanho seus passos nos suplementos literários que aparecem por aqui.[2] Quando é que você vem em pessoa visitar esta terra? Não há grande coisa a ver. Mas se v. vier entre princípios de abril e princípios de junho, prome-

---

2. *A cidade e os dias* foi publicado em 1957, pelas Edições O Cruzeiro.

ERICO VERISSIMO   PORTO ALEGRE, 4, nov, 1057

Meu caro Ledo Ivo:

Muito obrigado pelo seu
A CIDADE E OS DIAS, que acaba de chegar.
Acompanho seus passos nos suplementos
literarios que aparecem por aqui.
Quando é que você vem em pessoa visitar
esta terra? Não ha grande coisa a ver.
Mas se V. vier entre principios de abril
e principios de junho, prometo-lhe uns
ceus bonitos, uns poentes inesqueciveis
(com licença do nosso Marques Rebello)
e um pouco de Mozart, Bach & Vivaldi cum
Scotch. Venha, pois!

Um abraço do *Erico Verissimo*

to-lhe uns céus bonitos, uns poentes inesquecíveis (com licença do nosso Marques Rebello) e um pouco de Mozart, Bach e Vivaldi com Scoth. Venha, pois![3]
Um abraço do
Erico Verissimo

Porto Alegre
14 de fevereiro de 1973

Meu caro Lêdo Ivo:
minha opinião de pouco vale. Não sou crítico. Nem sequer um entendido em poesia. Mas o que lhe posso dizer de seu *Finisterra*[4] é que comecei a folhear o volume, a ler este e aquele poema, e quando "caí em si" tinha lido todo o livro duma assentada só, e com delícia.

Acho que é poesia mesmo, e não *prosa disposta graficamente como verso*. Gosto de suas imagens, suas metáforas, da sutileza... Em suma, o roman-

---

3. Em *Confissões de um poeta*, Lêdo Ivo registra o seu primeiro encontro pessoal com Erico Verissimo, a quem admirava desde o dia em que, adolescente, lera *Caminhos cruzados*: "Esta reflexão sobre o meu enraizamento à terra perdida me faz evocar a noite em que conheci pessoalmente Erico Verissimo, alguns anos após minha chegada ao Rio. No bar de um hotel em Copacabana, passamos muitas horas conversando sobre literatura – uma conversa que convergiu, o tempo quase inteiro, para o moderno romance inglês e norte-americano. Falamos de Sinclair Lewis, Dreiser, Steinbeck, Bromfield, Caldwell, John dos Passos (com quem eu haveria de almoçar no Rio em 1958, sustentando uma longa palestra que deliciou Macedo Miranda, o terceiro da mesa), Faulkner, Hemingway, Truman Capote, e ainda nos ocupamos de Joyce, Huxley, Rosamond Lehmann e Virginia Woolf. Lembro-me bem de que destaquei o papel quase heterodoxo de Erico Verissimo no romance de 1930: ao contrário da quase totalidade de seus companheiros de geração, ele se preocupava em assimilar modernas e sofisticadas técnicas de narrativa da ficção européia e norte-americana, notadamente as do contraponto e da simultaneidade, presentes em Huxley, John dos Passos e Rosamond Lehmann, e ainda se valia de estratégias da linguagem cinematográfica na montagem de suas histórias. Assim, enquanto o romance nordestino daquela era prima pela sua fidelidade às velhas técnicas romanescas do século XIX e mesmo à vetusta arte de narrar dos criadores do gênero, o de Erico Verissimo exibe o seu interesse pela modernização técnica. Nesse sentido, foi um romancista formalista. No plano da transplantação de tecnologias para a nossa ficção, procurou sempre marchar à frente de seus contemporâneos, numa decisão estética que só o equipara, entre nós, a José Geraldo Vieira, sendo de sublinhar que ambos romancistas da cidade, aplicados em observar o comportamento de indivíduos e grupos em grandes centros urbanos. // Após a demorada conversa sobre a criação literária e a importância da atualização dos processos técnicos da produção intelectual, Erico me disse, no abraço de despedida: 'Você é o mais sulista dos escritores nordestinos'."
4. *Finisterra* foi publicado em 1972 pela Livraria José Olympio Editora.

cista de pata dura está aqui a querer explicar por que gostou duma coleção de poemas. Tolice!

Como pouco nos vemos, como não pretendo pedir-lhe nada – acho que v. pode acreditar na sinceridade de minhas palavras.

Um grande abraço do
Erico Verissimo

Porto Alegre
26 de fevereiro de 1974

Meu caro Lêdo Ivo:
seja bem-vindo à confraria dos contadores de estórias! Só agora li o seu *Ninho de cobras*[5], que nos mostra outra face de seu talento de escritor. O poeta não traiu o ficcionista. Só apareceu quando "chamado", e assim mesmo em trajes que não destoaram do contexto da narrativa. Parabéns e um abraço do
Erico Verissimo

Porto Alegre
10 de junho de 1974

Meu caro Lêdo Ivo:
acabo de receber seu *O sinal semafórico*.[6] Obrigado! V. sabe como admiro a sua poesia. Vou deixar o volume sobre a mesinha de cabeceira para uma leitura (em muitos casos releitura) lenta. Desde menino aprendi que doce bom não se deve comer depressa, em grandes dentadas, mas saborear devagarinho.

---

5. *Ninho de cobras* foi publicado em 1973 pela Livraria José Olympio Editora.
6. *O sinal semafórico* foi publicado pela Livraria José Olympio Editora em 1974.

ERICO VERISSIMO

Porto Alegre 10/junho/1974

Meu caro Ledo Ivo:

Acabo de receber seu O SINAL SEMAFORICO. Obrigado! V. sabe como admiro a sua poesia. Vou deixar o volume sobre a mesinha de cabeceira para uma leitura (em muitos casos releitura) lenta. Desde menino aprendi que doce bom não se deve comer depressa, em grandes dentadas, mas saboreá-lo devagarinho.

Agora um negócio comercial. Será que V. queria me vender, emprestar ou alugar alguma de suas belas metáforas? Nesta altura da vida ando meio pobre delas, e estou precisando de algumas para o livro que no momento escrevo. (O Quintana seria o outro "fornecedor".)

Um abraço muito cordial do

Erico Verissimo

Agora um *negócio comercial*. Será que v. queria me vender, emprestar ou alugar algumas de suas belas metáforas? Nesta altura da vida ando meio pobre delas, e estou precisando de algumas para o livro que no momento escrevo. (O Quintana seria o outro "fornecedor").

Um abraço muito cordial do

Erico Verissimo

— v. não disse uma [palavra sobre o] pobre "Jeremias". Não se dignou, sequer, [ded]icar uma linha, a respeito, na revista [ou] jornal onde exerce sua atividade e de[cisi]va influência.

Isso me torna insuspeito — eis o que quero dizer — para manifestar o entusiasmo com que estou lendo a "Estação Central", seu último e melhor livro.

Realmente, além da beleza que já lhe [er]a própria, o seu verso adquire, agora, um [se]ntido social nítido e torna-se, sob êsse [a]specto, deveras fascinante. V. mudou mui[t]o, por sinal. De estético surrealista às [v]ezes, passou ao poeta-intelectual que es[t]andiu a linguagem e a fêz sua, pelo estilo; [d]o profuso em imagens líricas passou para [o] contido, para o que governa com aguda inteligência (logopéia) a palavra ou brinca com ela; agora é o participante, mesclado de lirismo inocente (as "Lições") e crueza insolento("Ode à Sucata", "O Rei Midas", en- tre outros exemplos).

A vida respira por todos os poros, nestes poemas. Uma poesia sensorial, uma grande festa dos sentidos, o mundo posto a nu — são aspectos que me feriram mais.

Parabens, portanto, por sua "Estação Central" que é central mesmo, como con[-] densação de energia poética, em alto gra[u]

Creia-me sempre

seu fiel amigo
Cassiano Ricardo

A partir da esquerda, Cassiano Ricardo (1895-1974),
Lêdo Ivo e o presidente Getúlio Vargas (1883-1954)
Arquivo Lêdo Ivo/Acervo IMS

São Paulo
29 de janeiro de 1951

Meu caro Lêdo Ivo:
estava eu, há um mês, cuidando de distribuir os primeiros exemplares dos *Poemas murais*, quando caí doente, atacado por forte pneumonia.

Veja v. que atrapalhação – pois isso me valeu 30 dias de cama.

Só hoje, portanto, posso remeter a você – e o faço com o maior prazer – o exemplar que lhe havia reservado.

Outra coisa que lhe quero explicar é que os *Poemas murais* já estavam impressos quando saiu aquela luminosa página que você escreveu sobre *A face perdida*. Daí a razão por que não figura, na "orelha", nenhum tópico do seu grande artigo, por mim guardado carinhosamente para outra oportunidade.

Não sei se v. vai gostar desse meu novo livro, como gostou do anterior. Sei – contudo – que ele confirma o sentido "mural" que, com tanta lucidez, o admirável poeta do "Cântico" previu, entre as coisas tão belas e generosas que disse sobre a minha última experiência lírica e o meu possível rumo poético.

Dentro de breves dias estarei aí, e então, meu caro Lêdo Ivo, havemos de conversar mais detidamente, sobre esse e outros assuntos.[1]

---

1. Lêdo Ivo conheceu Cassiano Ricardo quando ingressou no jornal *A Manhã*, por ele dirigido, em 1944. Na década de 1940, esse jornal, pertencente à União, fora fundado por Cassiano Ricardo para difundir a

Por hoje, e com os *Poemas*, vai o cordial abraço, cheio de saudade, que lhe envia o admirador e companheiro,
Cassiano Ricardo

São Paulo
28 de setembro de 1964

Caro Lêdo:
v. não disse uma palavra sobre o meu pobre *Jeremias*. Não se dignou, sequer, publicar uma linha, a respeito, na revista e no jornal onde exerce sua atividade e decisiva influência.[2]

---

doutrina do Estado Nacional (ou Estado Novo) do presidente Getúlio Vargas. Era um jornal moderno, tanto em sua feição gráfica como no conteúdo informativo, tendo sido o primeiro dos grandes órgãos de imprensa nacionais a privilegiar, na primeira página, as notícias do Brasil. Dispunha de dois suplementos dominicais, o Autores & Livros, dirigido pelo acadêmico Múcio Leão, e o Pensamento da América, a cargo do poeta e acadêmico Ribeiro Couto e posteriormente do escritor e jornalista Renato Almeida, o autor do clássico *Inteligência do folclore*. Nessa época, da hoje chamada Ditadura Vargas, a elite da intelectualidade brasileira trabalhava ou colaborava em *A Manhã*. O poeta Vinicius de Moraes era o crítico de cinema; Cecília Meireles, redatora e colaboradora, mantinha uma seção de Educação e Folclore. Entre os colaboradores semanais avultavam Gilberto Freyre, Manuel Bandeira, Affonso Arinos de Mello Franco, José Lins do Rego, Pedro Calmon, Jorge de Lima, Lúcio Cardoso, Octávio de Faria, Adonias Filho, Oliveira Viana, Murilo Mendes e muitos outros. Nesse tempo, as relações entre o diretor Cassiano Ricardo e o redator Lêdo Ivo eram extremamente profissionais. Elas só se tornaram relações de poeta a poeta quando, após a queda do Estado Novo, Cassiano Ricardo, tendo retornado a São Paulo e reassumido sua alta posição burocrática de chefe da Secretaria do Governo, publicou *Um dia depois do outro* (1947). Esse livro de poemas correspondia a uma surpreendente renovação. Para Lêdo Ivo, o autor de *Martim Cererê*, expoente de corrente nacionalista do Modernismo estampilhada de "verde-e-amarelo" e aquecido pelo longo pôr-do-sol parnasiano, passava a exibir uma poesia marcada pelo sentimento do mundo e da contemporaneidade. O convívio com a geração de 1945, portadora de atualizadas informações estéticas, propiciou a Cassiano Ricardo alargar o seu horizonte, numa renovação em que celebrou a vida das grandes cidades e os aparatos tecnológicos do nosso tempo. Com o seu prestígio político intelectual, Cassiano Ricardo concorreu fundamentalmente para a criação do Clube de Poesia de São Paulo, que editou vários jovens poetas, alguns dos quais se tornaram depois seus ferrenhos adversários ou detratores, como prova sobeja de que as gerações emergentes só se afirmam quando são ingratas ou mesmo parricidas.

Com o retorno de Getúlio Vargas ao poder, Cassiano Ricardo foi, em fins de 1952, nomeado Chefe do Escritório Comercial do Brasil em Paris, onde permaneceu até fins de 1954. Nascido em 1895, na cidade paulista de São José dos Campos, faleceu no Rio de Janeiro, em 1974. Apesar da popularidade de *Martim Cererê*, um dos livros emblemáticos da nacionalidade, o legado mais consistente e durável de Cassiano Ricardo é, sem dúvida, a poesia que ele escreveu a partir de 1945, e que o coloca no patamar dos grandes poetas do nosso tempo. Acrescente-se ainda, para completar a sua dimensão cívica, que ele foi um dos propugnadores da ocupação do Brasil Central, com o seu clássico *Marcha para o oeste*. A criação de Brasília, que ele celebrou num poema, corresponde à materialização de um de seus sonhos.

2. "Como as mulheres e os cães, os poetas gostam de carinho", costuma dizer Lêdo Ivo. Após o recebimento

Caro Lêdo:

- v. não disse uma palavra sôbre o meu pobre "Jeremias". Não se dignou, sequer, publicar uma linha, a respeito, na revista e no jornal onde exerce sua atividade e decisiva influência.

Isso me torna insuspeito - eis o que lhe quero dizer - para manifestar o entusiasmo com que estou lendo a "Estação Central", seu último e melhor livro.

Realmente, além da beleza que já lhe era própria, o seu verso adquire, agora, um sentido social nítido e torna-se, sob êsse aspecto, deveras fascinante. V. mudou muito, por sinal. De obscuro, surrealista às vezes, passou ao poeta-intelectual que escandiu a linguagem e a fêz sua, pelo estilo; do profuso em imagens líricas passou para o contido, para o que governa com aguda inteligência (logopéia) a palavra ou brinca com ela; agora é o participante, mesclado de lirismo inocente (as "Lições") e crueza insolente("Ode à Sucata","O Rei Midas", entre outros exemplos).

A vida respira por todos os poros, nestes poemas. Uma poesia sensorial, uma grande festa dos sentidos, o mundo posto a nu - são aspectos que me feriram mais.

Parabens, portanto, por sua "Estação Central" que é central mesmo, como condensação de energia poética, em alto grau.

Creia-me sempre
seu fiel amigo
Cassiano Ricardo

S.Paulo, 28 de set.
de 1964

Isso me torna insuspeito – eis o que lhe quero dizer – para manifestar o entusiasmo com que estou lendo a *Estação central*, seu último e melhor livro.[3]

Realmente, além da beleza que já lhe era própria, o seu verso adquire, agora, um sentido social nítido e torna-se, sob esse aspecto, deveras fascinante. V. mudou muito, por sinal. De obscuro, surrealista às vezes, passou ao poeta-intelectual que escandiu a linguagem e a fez sua, pelo estilo; do profuso em imagens líricas passou para o contido, para o que governa com aguda inteligência (logopéia) a palavra ou brinca com ela; agora é o participante, mesclado de lirismo inocente (as "Lições") e crueza insolente ("Ode à sucata", "O rei Midas", entre outros exemplos).

A vida respira por todos os poros, nestes poemas. Uma poesia sensorial, uma grande festa dos sentidos, o mundo posto a nu – são aspectos que me feriram mais.

Parabéns, portanto, por sua *Estação central* que é central mesmo, como condensação de energia poética, em alto grau.

Creia-me sempre seu fiel amigo
Cassiano Ricardo

São Paulo
20 de outubro de 1964

Caro Lêdo Ivo:
não sei se v. recebeu minha carta sobre *Estação central*.

Comunicava-lhe eu todo o meu entusiasmo pelo seu novo livro, que me pareceu o melhor trabalho poético que v. tem publicado.

Admirável, surpreendente mesmo, a sua atual tomada de posição, pelo grande significado humano e social que a caracteriza. Também me agradou muito o lirismo puro e objetivo das "Lições". Outras coisas afirmei, na carta referida, que remeti para o endereço da rua Farani, mas com número

---

desta carta, ele providenciou imediatamente que a revista *Manchete*, da qual era redator especial, produzisse uma reportagem sobre Cassiano Ricardo, atendendo, assim, ao desejo de visibilidade do seu amigo.

3. *Estação central* foi publicado em 1964, pela editora Tempo Brasileiro.

Caro Lêdo Ivo:

- não sei se v. recebeu minha carta sôbre "Estação Central".

Comunicava-lhe eu todo o meu entusiasmo pelo seu nôvo livro, que me pareceu o melhor trabalho poético que v. tem publicado.

Admirável, surpreendente mesmo, a sua atual tomada de posição, pelo grande significado humano e social que a caracteriza. Também me agradou muito o lirismo puro e objetivo das "lições". Outras coisas afirmei, na carta referida, que remeti para o enderêço da rua Farani, mas com número errado (do prédio). Ao invés de 61, escrevi 65, embora o número do apartamento, 710, estivesse certo.

Hoje lhe escrevo para agradecer o obséquio de haver feito chegar ao Xavier Placer o pedido, que a êle fiz, no sentido de me informar em que pé se encontra aquele pequeno ensaio por mim entregue ao Ministério da Agricultura (secção de publicações agrícolas) ao tempo em que v. exerceu lá o cargo de diretor.

Sugeri a rescisão do contrato e a devolução dos originais para que eu pudesse confia-los aqui a uma editôra interessada. Mas o nosso amigo me respondeu dizendo que não; que a publicação está em andamento, as ilustrações já estão prontas, etc.

Recebeu a "Antologia Poética" que lhe enviei?

Como vão Leda e os filhos? e quais as últimas notícias que v. me dá de sua atividade?

Com o afeto de sempre, Cassiano.

S. Paulo, 2o de out. de 1964

errado (do prédio). Ao invés de 61, escrevi 65, embora o número do apartamento, 710, estivesse certo.

Hoje lhe escrevo para agradecer o obséquio de haver feito chegar ao Xavier Placer o pedido, que a ele fiz, no sentido de me informar em que pé se encontra aquele pequeno ensaio por mim entregue ao Ministério da Agricultura (seção de publicações agrícolas) ao tempo em que v. exerceu lá o cargo de diretor.[4]

Sugeri a rescisão do contrato e a devolução dos originais para que eu pudesse confiá-los aqui a uma editora interessada. Mas o nosso amigo me respondeu dizendo que não; que a publicação está em andamento, as ilustrações já estão prontas etc.

Recebeu a *Antologia poética* que lhe enviei?

Como vão Lêda e os filhos? E quais as últimas notícias que você me dá de sua atividade?

Com o afeto de sempre
Cassiano

São Paulo
26 de janeiro de 1968

Meu caro Lêdo Ivo:
o seu telegrama de pêsames, pela grande perda que acabo de sofrer, me fez bem porque me trouxe o conforto de uma velha amizade.[5]

Sei que v. e Lêda terão compreendido a amargura por que passei e ainda estou passando.

A v. e a ela, pois, todo o meu reconhecimento.

Com o afeto e admiração de sempre
Cassiano

4. Lêdo Ivo, diretor do Serviço de Informação Agrícola do Ministério da Agricultura no governo Jânio Quadros e no primeiro ano do governo João Goulart, havia encomendado a Cassiano Ricardo uma monografia.
5. Esta carta alude ao falecimento de sua mulher, Jaci.

Menotti Del Picchia

Menotti Del Picchia (1892-1988)
Casa de Menotti Del Picchia/Prefeitura de Itapira

[sem local]
14 de novembro de 1968

Meu caro Lêdo Ivo.
A decisão de Cassiano e minha de darmos apoio a V., para a Academia, como V. deve saber, é antiga. Geralmente as eleições do nosso Silogeu nos decepcionam quando hábeis fura-filas, acotovelando-se às portas da Academia, muito antes de ali surgir a vaga, já moveram céus e terra para se aboletarem na cadeira azul. Meu pensamento, como o do Cassiano, é nutrir de valores novos – literários – essa Casa que deve ser a cúpula da cultura nacional. Pelo menos devemos nos esforçar para torná-la. Um poeta como o Bandeira somente deverá ser substituído por um poeta. Não pomos[1] dúvida na sua vitória.

---

1. Em conferência pronunciada na Academia Brasileira de Letras em 1997, na programação do centenário da instituição, e sobre os poetas a ela pertencentes, assim se exprimiu Lêdo Ivo, ao se referir a Menotti Del Picchia: "Em 1943, o poeta paulista Menotti Del Picchia era eleito para esta Academia. Ele trazia no seu bornal poético o *Juca mulato*, uma das obras-primas de nossa poesia nativista e um exemplo notável de variedade métrica e rimática – e ainda ousadas experimentações em prosa, como é o caso de seu romance *O homem e a morte*, que está a reclamar uma leitura iluminadora. Na obra inicial de Menotti Del Picchia o parnasianismo se mescla a um simbolismo grandiloqüente de quem, filho de imigrantes italianos, leu D'Annunzio. E há nela ainda a marca ostensiva do português Júlio Dantas. Outro italiano, o futurista Marinetti, influencia os poemas em que ele manifesta o seu modernismo ora aguerrido, ora vertiginoso, ora pitoresco". Essa manifestação crítica traduz o seu apreço por Menotti Del Picchia, que dada a sua grande popularidade, fora por ele lido durante a adolescência em Maceió. Ambos se conheceram pes-

Quanto ao *Deus sem rosto* – que lancei sem nenhuma retumbância publicitária, pois meu feitio é jogar, não na crítica, mas no livro, está me dando o enorme agrado de encontrar a mesma compreensão da parte de alguns altos espíritos. V. sabe que há uma ditadura literária – estridente mas cretina – policiando as criações artísticas para só admiti-las quando padronizadas pelos modelos que oferecem ao público. Quem não usar as minissaias líricas que eles confeccionam é fulminado pelo título de *quadrado*.

Desde *Moisés* até *Chuva de pedra* e até hoje (76 anos...) sempre procurei, na minha forma de ser, minha autenticidade. Talvez V., que é um grande poeta e um agudo crítico, não poderá indicar – dentro desta minha espontânea versatilidade – quem poderia ter influído no *Moisés*, no *Juca*, na *Rep. dos E. Unidos do Brasil* etc.

As máscaras foram propositadamente inventadas para agradecer o Júlio Dantas pela generosidade com que tratou meu *Juca mulato*, ele que, no tempo, era o nome mais retumbante da poesia portuguesa. Escrevi-as, com gratidão, para ele, e a ele dediquei esse poema. Seu sucesso – perto de 30 edições – me marcou como "poeta da massa", juliodantiano, vate "menor", popularesco etc. Dou graças ao Senhor ter tido essa gostosa *bluette* a expansão que teve. Assim pude fazer repetir por todo Brasil meu agradecimento ao generoso vate luso.

Quanto ao *O Deus sem rosto*, o Cassiano dirá a V. quanto hesitei em publicá-lo. Não por imaginar que fosse ou não "modernista", pois para isso não ligo. É que, tendo concebido o poema inicial, "Aleluia" – que escrevi no ano passado na fazenda Bom Jardim, Minas Gerais – achei-o (ao fazê-lo espelhar o mundo de hoje) – esta *síntese* de tremenda dialética do Oriente

---

soalmente no Rio de Janeiro, em 1944, na redação de *A Manhã*, apresentados por Cassiano Ricardo. O consagrado autor de *Juca mulato* e *Salomé* saudou em várias crônicas a aparição literária de Lêdo Ivo e sempre desejou que ele ingressasse na Academia Brasileira de Letras, como o comprova esta carta de 1968. "Um poeta como o Bandeira somente deverá ser substituído por um poeta", sustenta, numa opinião que foi compartilhada por dois outros grandes poetas paulistas, Guilherme de Almeida e Cassiano Ricardo, e ainda por Fernando de Azevedo. Entretanto, coube ao romancista mineiro Cyro dos Anjos ocupar a vaga deixada por Manuel Bandeira. Além dessa prova de solidariedade intelectual, a carta é um depoimento sobre as preocupações de ordem não só estéticas mas também existenciais que dominavam então Menotti Del Picchia. Ultrapassada a fase revolucionária e contestatária do Modernismo, o seu espírito volta-se para uma reflexão amadurecida da vida e do tempo, em que prega a reumanização do homem e o imperativo de religiosidade.

Meu caro Ledo Ivo.

A decisão de Cassiano e minha de darmos apoio a V., para a Academia, como V. deve saber é antiga. Geralmente as eleições do nosso Silogeu nos decepcionam quando habeis fura-filas, acotovelando-se às portas de Academia, muito antes de ali surgir a vaga, já moveram ceus e terra para se aboletarem na cadeira azul. Meu pensamento, como o de Cassiano, é muita de valores novos — literarios — essa Casa que deve ser a cupula da cultura nacional. Pelo menos devemos nos esforçar para torna-la. Um poeta como o Bandeira sómente deverá ser substituido por um poeta. Não posso duvidar da sua vitoria.

Quanto ao "Deus seu rosto" — que lancei sem nenhuma retumbancia publicitaria pois meu fortes é jogar, não na critica, mas no livro, está me dando o mesmo agrado de encontrar a mesma compreensão de parte de alguns altos espiritos. V. sabe que ha uma ditadura literaria — estridente mas cretina — policiando as creações artisticas para só admiti-las quando padronizadas pelos modelos que oferecem ao publico. Quem não usar as mini-saias liricas que eles confeccionam são fulminados pelo titulo de quadrado. Desde "Moisés" até "Chuva de Pedra" e até hoje (76 anos...) sempre procurei, na minha forma de ser, minha autenticidade. Talvez V., que é um grande poeta e um agudo critico, não poderá indicar — dentro desta minha espontanea versatilidade — quem poderia ter influido no "Moisés", no "Juca", na "Rep. dos E. Unidos do Brasil" etc

As "Mascaras" foram propositalmente inventadas para agradecer o Julio Dantas pela generosidade com que tratou meu "Juca Mulato" ele que, no tempo, era o nome mais retumbante da poesia portuguesa. Escrevi-as, sem fretidão, para ele e a ele dediquei esse poema. Seu sucesso — perto de 30 edições — me marcaram como "poeta de mesa", juliodanteano,

(v/v)

vate "menor", populares ecc. Dou graças ao Senhor ter tido
ena postos "Glicette a esperanças que teve assim pude
fazer repercutir por todo o Brasil meu agradecimento ao
generoso vate luso.

Quanto ao "Ouvi seu rosto", o Cassiano dirá a V. quanto
hesitei em publicá-lo. Não por imaginar que fosse ou
não "modernista", pois para isso não ligo. É que, tendo
concebido o poema inicial, "Aleluia", — que escrevi no
ano passado na fazenda Bom Jardim — Minas Gerais — achei, (ao
fazê-lo espelhar o mundo de hoje) — esta síntese de tremenda
dialética do Oriente e Occidente que desarticulou todas
as estruturas estáveis e pôs em equação todos os valores —
tão amargo de pessimismo que tive a impressão apocalíptica de despejar sobre o mundo absurdo e convulsivo, uma
nova taça de Absinto... Exprimi o drama de desmitificação
do universo — expresso no símbolo do "cadáver de Anjo" —
repressão e falência das ideologias, a vessão de ciência,
a subversão, os desastres de Babel total, fuga as mundo
entregue à confusão dos valores — mas não sugeria uma
saída para o desesperado drama. Tive a iluminação da volta
ao Cristo, este mesmo hoje recrucificado pela própria Igreja. Voltei,
pois, à base da "ordem nova" e da "esperança". Através de sua
palavra — pura e desbagagada / desbagagada — o homem atinge a
fonte de infancia. Não precisará repudiar o progresso. Necessita
apenas o homem "rearmonizar-se."

Depois de escrito o poema tem esse fecho e dado o
sinal verde para a publicação, encontrei por acaso, aquele
trecho de Elliot que antecede o poema. Julguei mesmo que
esse encontro com tão angustiada e clara profecia, me
fora inspirado pelo mesmo sentimento cristão, uma intuição
premonitória. Os demais poemas, que procurei
transformar em curtas sínteses, nasceram, em sua maioria,
em Brasília, no início da cidade mágica entre feste de
vento, poeira e solidão. Daí seu tom elegíaco.

Muito me honrará sua opinião sobre o poema. Sentirei à
do snr. Gilberto Amado. Obrigado. Menotti del Picchia. 14-11-968

e Ocidente que desarticulou todas as estruturas estatais e pôs em equação todos os valores – tão amargo de pessimismo que tive a impressão apocalíptica de despejar sobre o mundo absurdo e convulsivo, uma nova *Estrela de absinto*... Expus o drama da desmistificação do universo – expresso no símbolo do "cadáver do Anjo" –, reportei a falência das ideologias, a revisão da ciência, a subversão, o desespero da Babel Astral, fuga ao mundo entregue à confusão dos valores – mas não sugeria uma saída para o desesperado drama. Tive a iluminação da volta ao Cristo, este mesmo hoje recrucificado pela própria Igreja. Voltei, pois, à base da "ordem nova" e da "esperança". Através da sua palavra – pura e despaganizada – o homem reatinge a pureza da infância. Não precisaria repudiar o progresso. Necessita apenas o homem "reumanizar-se".

Depois de escrito o poema com esse fecho e dado o sinal verde para a publicação, encontrei por acaso aquele trecho de Eliot que antecede o poema. Julguei mesmo que esse encontro com tão angustiada e clara profecia, me fora inspirado pelo meu sentimento cristão, uma intuição premonitória. Os demais poemas, que procurei transformar em curtas sínteses, nasceram, em sua maioria, em Brasília, no início da cidade mágica então feita de vento, poeira e solidão. Daí seu tom elegíaco.

Muito me honrou sua opinião sobre o poema. Idêntica à do nosso Gilberto Amado. Abraços

Menotti Del Picchia

Jorge Amado

Havana, 18 de dezembro de 86

Meu Tedo, ilustre Acadêmico, aí vai a poesia circulando em Cuba com os meus zé-e-meus, de natal feliz e de um ano de paz e sucesso, de alegria, para você e a sua, com a admiração e amizade do velho

[assinatura]

(Jorge Amado)

Jorge Amado (1912-2001)
Edu Simões/Acervo IMS

Bahia
8 de junho de 1972

Meu caro Lêdo,
seu ensaio sobre Modernismo, que a São José editou, não é só a coisa melhor que se escreveu sobre o movimento modernista, é também a mais decente; o resto não passa, quase sempre, de comemoração, se não oficial pelo menos oficiosa, da festiva Semana de 22. Parabéns pela lucidez e pela coragem.[1]

O dois ensaios que se seguem ao inicial – sobre Guilherme e Bandeira – completam e ilustram o pensamento exposto no primeiro.

Abraços de Zélia e meus para Lêda e você.

Cordialmente, o velho

Jorge Amado

---

[1]. Nesta carta, Jorge Amado expressa sua opinião sobre *Modernismo e modernidade* (Rio de Janeiro: Livraria São José, 1972), no qual Lêdo Ivo analisa o movimento modernista de 1922 e seu legado.

Belém
20 agosto [sem ano]

Caro Lêdo,
desculpe só agora acusar o recebimento e agradecer o recorte com "A morte da literatura brasileira", texto cheio de interesse, polêmico sem dúvida, mas, no fundamental, lúcido.[2]
Andei por São Paulo, às voltas com assuntos editoriais – concordatários –; nem a falência dos editores consegue matar a literatura!
Abraços para Lêda e você, do velho
Jorge Amado
Alagoinhas, 33 – Salvador

Bahia
6 de julho de 1983

Lêdo,
obrigado.
Gostei muito do artigo – fazendo justiça ao poeta – sobre Castro Alves. Mas "Quando a fruta está madura" é uma beleza – vosmercê é um grande escritor, o que não é novidade para ninguém.[3]
Zélia e eu abraçamos afetuosamente a você e a Lêda.
Do velho
JA

---

2. Este texto figura no livro de ensaios *Teoria e celebração* (Livraria Duas Cidades, 1976).
3. Por várias vezes, Lêdo Ivo tem-se ocupado de Castro Alves, uma de suas maiores admirações literárias no plano nacional. A carta de Jorge Amado alude a uma dessas manifestações. "Quando a fruta está madura" é um conto, que pode ser lido em *Os melhores contos de Lêdo Ivo*, com introdução e seleção de Afrânio Coutinho (São Paulo: Global Editora, 1995).

Bahia 20 agosto 1978

Caro Ledo, desculpe só agora acusar o recebimento e agradecer o recorte com "A morte da Literatura Brasileira" texto cheio de interesse, polêmico sem dúvida, mas, no fundamental, lúcido. — Andei por São Paulo, às voltas com assuntos editoriais — concordatários — nem a falência dos editores consegue matar a literatura!
Abraços para Leda e você, do velho
Jorge Amado - Alagoinhas, 33 - Salvador

Bahia 6.7.83

Ledo. Amigo - Gostei muito do artigo - fazendo justiça ao poeta - sobre Castro Alves. Mas "Quando a fruta está madura" é uma beleza — isso você é um grande escritor. Telma e eu abraçamos afetuosamente você e a Leda. Do velho
JORGE AMADO
MUITO GRATO

O Guimarães é novidade para mim.

Bahia
15 de dezembro de 1983

Lêdo e Lêda:
feliz Natal e um ano novo de paz e alegrias para o poeta e sua musa.
Devo passar pelo Rio em janeiro, indo à Itália, e em fevereiro, voltando.
Então conversaremos melhor.
Recebi a carta de 6.
Abraços afetuosos de Zélia e meus para o casal querido.
Do velho
Jorge Amado

Havana
18 de dezembro de 1986

Querido Lêdo, ilustre acadêmico,
aí vai sua poesia circulando em Cuba com os votos, de Zélia e meus, de um Natal feliz e de um ano novo de paz e sucesso, com saúde e alegria, para você e Lêda, com a admiração e a amizade do velho
Jorge Amado[4]

---

4. Uma das grandes admirações de Lêdo Ivo, no plano de literatura brasileira, é Jorge Amado: uma admiração nascida na adolescência, quando leu *Cacau*, *Suor*, *Mar morto* e *Jubiabá*, e continuada, sem interrupções, a vida inteira. Para se ter idéia dessa admiração, basta dizer que, quando morava em Paris, e impossibilitado de reler Jorge Amado no original, recorria às traduções francesas da Gallimard: *Bahia de tous les saints* (*Jubiabá*) e *Les enfants du sable* (*Capitães da areia*). E havia, em Jorge Amado, além de seu gênio de ficcionista, uma qualidade que Lêdo Ivo prezava sobremaneira: a generosidade. No mundo literário brasileiro, o autor de *Gabriela, cravo e canela* distinguia-se pela bondade, espírito de solidariedade e extrema generosidade em relação aos seus companheiros de jornada. A sua mão de grande escritor, consagrado internacionalmente e amado pelo povo, sempre se estendia para ajudar os autores jovens ou os de sua geração.

João Pessoa, 19 de dez º de 19[..]

o Ledo Ivo:

Você consegue ser sempre o mesmo gran[...] sem se repetir. FINISTERRA mantém a r[...] sua criação, pela fôrça emocional, pela [...] [...]e dos mo[...]s e pelo ritmo, produzindo [...] impressão sutil e irônica. [...]ara que a [...] não pareça lugar comum apresenta-se, às [...] nua, com tôdas as suas tentações.

A parte descritiva é também um enc[...] vocação, de memória mais viva.

Eu já tinha lido POESIA OBSERVADA. [...]idade de alguns dos nossos grandes poeta[s] mergulho mais revelador.

Abraços do

José Américo

José Américo

José Américo de Almeida (1887-1980)
Folha Imagem

João Pessoa
19 de dezembro de 1972

    Meu caro Lêdo Ivo:
    você consegue sempre ser o mesmo grande poeta, sem se repetir. *Finisterra* mantém a riqueza de sua criação, pela força emocional, pela variedade dos motivos e pelo ritmo, produzindo uma nova impressão sutil e irônica. Para que a realidade não pareça lugar-comum, apresenta-se, às vezes, nua, com todas as suas tentações.
    A parte descritiva é também um encanto de evocação, de memória mais viva.
    Eu já tinha lido *Poesia observada*. A intimidade de alguns dos nossos grandes poetas deu um mergulho mais revelador.
    Abraços do
    José Américo[1]

---

1. Na casa de Lêdo Ivo em Maceió, o nome de José Américo de Almeida tinha uma ressonância mítica, na qual se uniam o romancista de *A bagaceira* e o líder político da Revolução de 1930 tornado candidato à Presidência da República em 1937. No Rio de Janeiro, a sua condição de jornalista o conduziu várias vezes à residência do então senador José Américo de Almeida, no Jardim Botânico. Sendo ambos escritores, a aproximação tornou-se também literária, com a troca de livros e cartas. Do grande romancista de *A bagaceira* e prosador de *Ocasos de sangue*, e ainda do pioneiro *A Paraíba e seus problemas*, guarda Lêdo Ivo em sua lembrança algumas observações memoráveis, e de atualidade inarredável: "O Brasil já resolveu o problema dos ricos, só falta resolver o problema dos pobres". Ou esta, quando ambos comentavam a inerradicável corrupção nacional: "Dizem que o Brasil está à beira do abismo. Não é verdade. No Brasil roubaram até o abismo".

João Pessoa, 19 de dezº de 1972

Meu caro Ledo Ivo:

    Você consegue ser sempre o mesmo grande poeta, sem se repetir. FINISTERRA mantém a riqueza de sua criação, pela fôrça emocional, pela variedade dos motivos e pelo ritmo, produzindo uma nova impressão sutil e irônica. Para que a realidade não pareça lugar comum apresenta-se, às vêzes, nua, com tôdas as suas tentações.

    A parte descritiva é também um encanto de evocação, de memória mais viva.

    Eu já tinha lido POESIA OBSERVADA. A intimidade de alguns dos nossos grandes poetas deu um mergulho mais revelador.

Abraços do

José Américo

João Pessoa
22 de janeiro de 1974

Lêdo Ivo:
não parecia fácil restaurar o romance nordestino. Você é autor dessa proeza com o *Ninho de cobras*.[2] Como percebeu o que há de mais característico nesse ambiente e em alguns dos seus grupos sociais!

Tudo tem uma nova apresentação que é a sua busca em camadas ainda obscuras. O que parecia inerte adquiriu uma força dramática irrompendo com os seus instintos. É, realmente, uma grande ficção.

Uma poesia contida encobre as deformidades e brutalidades animais.

Muito cordialmente
José Américo de Almeida

João Pessoa
10 de agosto de 1974

Lêdo Ivo, meu velho amigo:
recebi *O sinal semafórico*.

Encanta-me sua poesia, grande pela originalidade, pela estrutura e pela variedade, como por sua tensão emotiva.

É uma voz que se renova e aperfeiçoa a dominar o tempo.

Muito obrigado.
José Américo

---

2. Iniciador, em 1929, do chamado "romance nordestino", com o seu clássico *A bagaceira*, José Américo de Almeida acolheu com a maior simpatia a aparição de *Ninho de cobras* em 1973. E a propósito desse romance, cabe citar aqui a observação de Ivan Junqueira, no livro *O signo e a sibila*: "Conjugando a um tempo o realismo social e o realismo fantástico de que tanto se nutriu a grande novelística latino-americana, Lêdo Ivo de fato renova o romance nordestino, acordando-lhe potencialidades ficcionais que já se supunham agônicas ou mesmo extintas. Personagens e situações são necessariamente fragmentárias e algo difusas nesse cruel retábulo alagoano, embora a urdidura romanesca se mantenha sempre coesa e harmônica, instrumentando recursos ficcionais surpreendentes por parte de um autor que se firmou, acima de tudo, como poeta. *Ninho de cobras* é um romance que deve ser lido e, mais do que isso, estimado por suas altas virtudes de tensão psicológica e, sobretudo, de linguagem".

México, 6 de julho de 19..

...er antes de terminar a leitura do seu romance "Ninho de...
...a de enviar-me. E não me arrependo, pois já posso agor...
...el, mas também felicitá-lo pelo belo livro, que não havia...
...fortemente, pela composição da narrativa e pela express...
...a do primeiro capitulo me parece de notável felicidade c...
...da astúcia e da irrracionalidade do destino, que espreita...
...prio violento exterminio, com a sorte dos seres hum...
...o romance numa atmosfera carregada de tensões e c...
...conduzir e elevar a um alto nivel da angustia e dramati...
...prolongado mais a narrativa, que me parece terminar a...
...tarmos tão absorvidos e siderados pela trama do livro,...
...concluída. Mas não há dúvida que você provoca um g...
...tuação simbólica evocada, graças sobretudo à carga...
...re ao texto um frêmito emocional empolgante.
...anto e muito agradecido por se lembrar de mim, propo...
...ar essa sua notável criação.
...rasil no próximo dia 20, para receber o Presidente m...
...que terminar o programa, não deixarei de telefonar p...

Receba um abraço amigo do

Lauro Escorel

Lauro Escorel de Moraes (1917-2002) e sua mulher, Sarah
Arquivo da família Escorel

México
6 de julho de 1980

Meu caro Lêdo Ivo,
 não quis lhe escrever antes de terminar a leitura do seu romance *Ninho de cobras*, que você teve a gentileza de enviar-me. E não me arrependo, pois já posso agora, não lhe agradecer o gesto amável, mas também felicitá-lo pelo belo livro, que não havia ainda lido, e que me impressionou fortemente, pela composição da narrativa e pela expressividade do estilo. A abertura vulpina do primeiro capítulo me parece de notável felicidade criatividade: aquela raposa, símbolo da astúcia e da irracionalidade do destino, que espreita, fareja e se confunde, no seu próprio violento extermínio, com a sorte dos seres humanos que a destroçam, lança logo o romance numa atmosfera carregada de tensões e conflitos, que você soube habilmente conduzir e elevar a um alto nível de angústia e dramaticidade. Pena que você não tenha prolongado mais a narrativa, que me parece terminar abruptamente, talvez porque, por estarmos tão absorvidos e siderados pela trama do livro, desejaríamos não a ver de pronto concluída. Mas não há dúvida de que você provoca um grande impacto emocional, com a situação simbólica evocada, graças sobretudo à carga poética de sua linguagem, que confere ao texto um frêmito emocional empolgante.

México, 6 de julho de 1980

Meu caro Ledo Ivo,

    Não quis lhe escrever antes de terminar a leitura do seu romance "Ninho de Cobras", que você teve a gentileza de enviar-me. E não me arrependo, pois já posso agora, não lhe agradecer o gesto amável, mas também felicitá-lo pelo belo livro, que não havia ainda lido, e que me impressionou fortemente, pela composição da narrativa e pela expressividade do estilo. A abertura vulpina do primeiro capítulo me parece de notável felicidade criatividade: aquela raposa, símbolo da astúcia e da irracionalidade do destino, que espreita, fareja e se confunde, no seu próprio violento extermínio, com a sorte dos seres humanos que a destroçam, lança logo o romance numa atmosfera carregada de tensões e conflitos, que você soube habilmente conduzir e elevar a um alto nível da angustia e dramaticidade. Pena que você não tenha prolongado mais a narrativa, que me parece terminar abruptamente, talvês porque, por estarmos tão absorvidos e siderados pela trama do livro, desejaríamos não a vêr de pronto concluída. Mas não há dúvida que você provoca um grande impacto emocional, com a situação simbólica evocada, graças sobretudo à carga poética de sua linguagem, que confere ao texto um frêmito emocional empolgante.

    Parabens, portanto e muito agradecido por se lembrar de mim, proporcionando-me a satisfação de desfrutar essa sua notável criação.

    Devo ir ao Brasil no próximo dia 20, para receber o Presidente mexicano, em sua visita oficial. Logo que terminar o programa, não deixarei de telefonar para combinarmos algo.

    Receba um abraço amigo do

                                          Lauro Escorel

Parabéns, portanto, e muito agradecido por se lembrar de mim, proporcionando-me a satisfação de desfrutar dessa sua notável criação.

Devo ir ao Brasil no próximo dia 20, para receber o presidente mexicano, em sua visita oficial. Logo que terminar o programa, não deixarei de telefonar para combinarmos algo.

Receba um abraço amigo do
Lauro Escorel[1]

---

1. Lêdo Ivo conheceu pessoalmente Lauro Escorel em 1944, quando este acabara de ingressar no Itamaraty. Em 1979, como embaixador do Brasil no México, Escorel promoveu a primeira viagem de Lêdo Ivo àquele país, para cumprir uma programação cultural que se revelou extremamente fecunda e benéfica para o poeta. Dessa visita, proposta pelo poeta e ensaísta Carlos Montemayor, resultou a publicação de uma antologia poética, *La imaginaria ventana abierta* (traduzida por Montemayor), e que abriu caminho para outras traduções. Desde então, Lêdo Ivo passou a ser convidado para participar de numerosos festivais internacionais de poesia naquele país, no qual já foram publicadas outras obras suas: *Oda al crepúsculo, Las islas inacabadas, Las pistas, La tierra allende* e *Mia patria húmeda*.

Rio de Janeiro, 25 Feverei[ro]

Meu caro Ledo Ivo,

estou a dever-lhe longos agradecimentos pel[a] de livros seus, com que me tem distinguido.
Não saberia dizer-lhe o que mais agradeço [e] [m]ais admiro; e não sei por esta razão fundamental e [...] [í]vel: é-me impossivel optar, em você, pelo poeta ou pe[lo...] [tradu]ctor, comquanto me incline talvez, para aquelle.
A verdade final é, porém, esta: ha grand[e...] [qua]lidade em tudo quanto lhe raia da penna realmente fulg[urante] quer em verso, quer em prosa, seja criando directame[nte] indirectamente, pela traducção, que é, sem duvida, um[a forma] de criar ou re-criar em outra lingua. O difficultoso, [...] [as]so, é assentar quem é o maior: o poeta ou o escriptor [... (ven]ho a lembrar-me do seu excellente artigo no supplement[o literári]o de O Estado de S Paulo.)
Como quer que seja, acceite estes liv[ros como] [uma] parte minima do que já escrevi - como expressão de vi[vo agrade]cimento e, por igual, da mais alta admiração por um d[os grandes] nomes das nossas letras.

Cordial abraço.

AbgarRenault

Abgar Renault (1901-1995)
Giovani Pereira/Folha Imagem

Rio de Janeiro
25 de fevereiro de 1982

Meu caro Lêdo Ivo,
estou a dever-lhe longos agradecimentos pela offerta de livros seus, com que me tem distinguido.[1]

Não saberia dizer-lhe o que mais agradeço e o que mais admiro; e não sei por esta razão fundamental e irresistível: é-me impossível optar, em você, pelo poeta ou pelo prosador, conquanto me incline, talvez, para aquele.

A verdade final é, porém, esta: há grandeza de qualidade em tudo quanto lhe raia da penna realmente fulgurante, quer em verso, quer em prosa, seja criando directamente, seja indirectamente, pela traducção, que é, sem dúvida, um processo de criar ou re-criar em outra língua. O difficultoso, no seu caso, é assentar quem é o maior: o poeta ou o escriptor? (e estou a

---

1. As relações entre Lêdo Ivo e Abgar Renault eram apenas formais quando ele escreveu esta carta. Só se estreitaram a partir de 1986, após a entrada de Lêdo Ivo para a Academia Brasileira de Letras. Esta carta documenta a condição de Abgar Renault como adepto fervoroso da ortografia etimológica. Exímio tradutor de poetas e ele mesmo um alto poeta que se escondia, Abgar Renault (1901-1995), mineiro de Barbacena, foi ainda educador e homem público, tendo sido ministro da Educação e ministro do Tribunal de Contas da União. Sua *Obra poética*, publicada em 1990, tornou accessível uma aventura poética que, antes, só era do conhecimento dos seus amigos. Ele deve ser colocado ao lado de Joaquim Cardozo e Dante Milano, poetas esquivos, bichos-de-concha.

Rio de Janeiro, 25 Fevereiro 82

Meu caro Ledo Ivo,

estou a dever-lhe longos agradecimentos pela offerta de livros seus, com que me tem distinguido.

Não saberia dizer-lhe o que mais agradeço e o que mais admiro; e não sei por esta razão fundamental e irresistivel: é-me impossivel optar, em você, pelo poeta ou pelo prosador, comquanto me incline, talvez, para aquelle.

A verdade final é, porém, esta: ha grandeza de qualidade em tudo quanto lhe raia da penna realmente fulgurante, quer em verso, quer em prosa, seja criando directamente, seja indirectamente, pela traducção, que é, sem duvida, um processo de criar ou re-criar em outra lingua. O difficultoso, no seu caso, é assentar quem é o maior: o poeta ou o escriptor? (E estou a lembrar-me do seu excellente artigo no supplemento <u>Cultura</u> de <u>O Estado de S Paulo</u>.)

Como quer que seja, acceite estes livrinhos - parte minima do que já escrevi - como expressão de vivo agradecimento e, por igual, da mais alta admiração por um dos grandes nomes das nossas letras.

Cordial abraço.

lembrar-me do seu excellente artigo no supplemento Cultura de *O Estado de S. Paulo*).

Como quer que seja, acceite estes livrinhos – parte mínima do que já escrevi – como expressão de vivo agradecimento e, por igual, da mais alta admiração por um dos grandes nomes das nossas letras.

Cordial abraço.

Abgar Renault

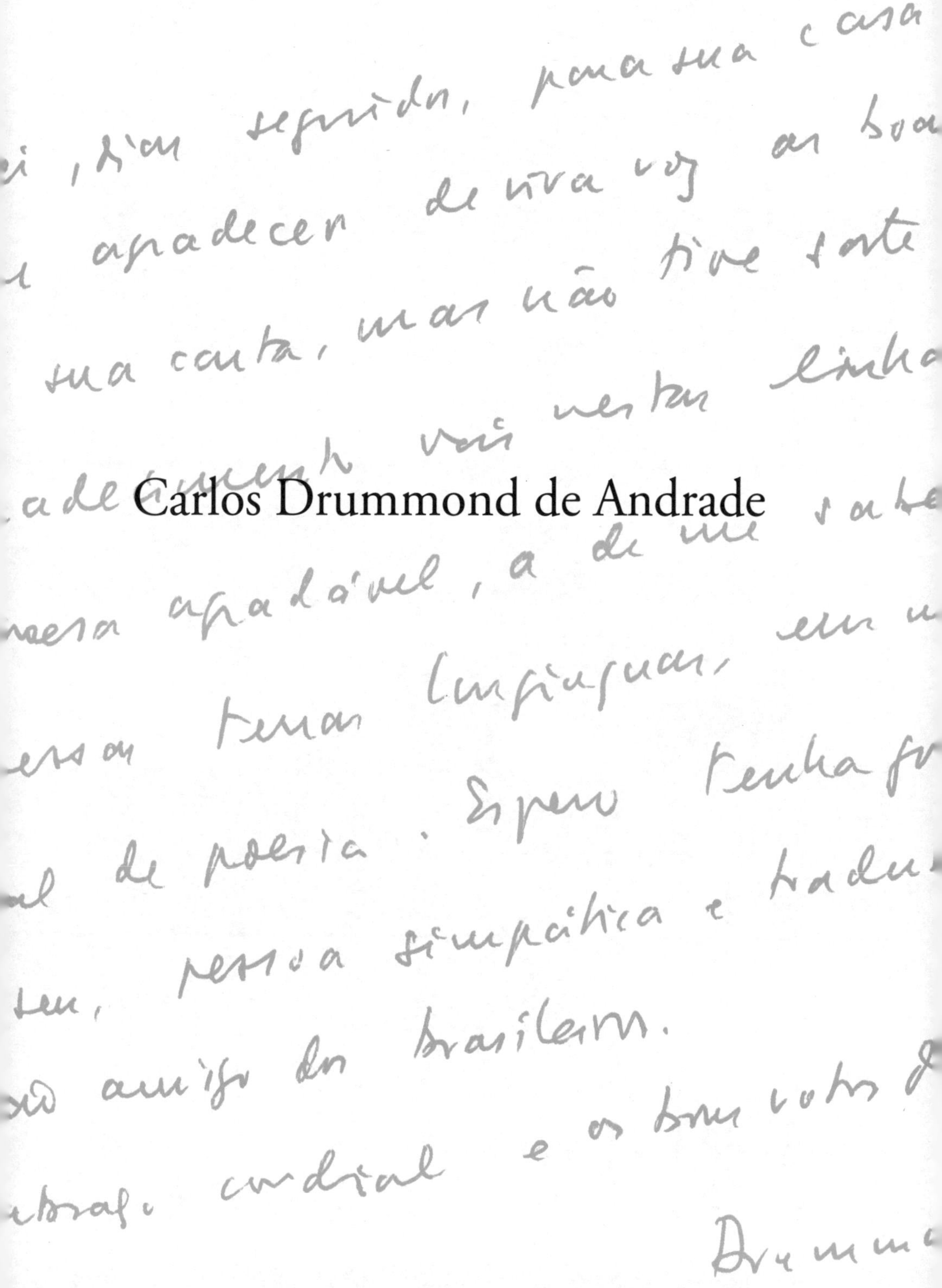

Carlos Drummond de Andrade

Carlos Drummond de Andrade (1902-1987)
Manoel Pires/Folha Imagem

Rio de Janeiro
14 de junho de 1982

Poeta Lêdo Ivo:
agradeço-lhe muito o oferecimento gentil de *A noite misteriosa*, livro que, sem sombra de dúvida, constitui um momento alto de sua poesia.
Cordialmente,
Carlos Drummond de Andrade

Rio
29 de novembro de 1982

Caro poeta Lêdo Ivo:
venho agradecer suas palavras generosas a propósito do meu aniversário. Se o faço com atraso, é porque a velhice é lenta. Lenta, porém não insensível, e, no meu caso, capaz de perceber que este seu gesto é também uma forma – delicada – de poesia. Obrigado, portanto, um abraço cordial do seu
Carlos Drummond

Rio de Janeiro
7 de março de 1983

Caro Poeta:

ando permanentemente em falta com todo mundo, no tocante a correspondência epistolar. Parece que tive fama de pontual rabiscador de cartas, mas era exagerada, e não tenho mais. A inabilidade em administrar o meu tempo útil é a razão principal dos meus atrasos e omissões. Desculpe, se possível, a demora em agradecer *A ética da aventura*, livro bem pensado e finamente escrito, como de resto é toda a sua prosa de ensaísta. O prazer da leitura abrangeu todos os textos.

Obrigado pelo convite para colaborar em *Colóquio/Letras*, que já tem publicado algumas coisas minhas.[1] Quando tiver matéria que valha a pena (ou que eu suponha que vale...) não deixarei de mandar.

Até lá, o abraço e a admiração do
Carlos Drummond

PS: Fiquei satisfeito de saber que você gostou das cartas de Mário de Andrade. O livro tem cochilos que procurarei corrigir numa possível segunda edição.
C D

Da boreal estrela cativo
Fitarei a imagem – oh garbo! –
por gentileza de Lêdo Ivo
que trouxe até mim a Garbo.[2]

Obrigado, Poeta! Abraço agradecido e amigo do Drummond

---

1. Lêdo Ivo era então coordenador literário da revista portuguesa *Colóquio/Letras* e incumbido pelo seu diretor, o professor Jacinto do Prado Coelho, de angariar colaborações.
2. Este poema tem duas versões. A mais acabada e completa foi enviada a Lêdo Ivo dois anos depois, em 18 de julho de 1985, e figura numa das páginas seguintes, na qual está explicada também a sua origem. São peças curiosas (além de maliciosas), pois muito raramente Drummond reescrevia um poema, mesmo de circunstância.

Rio de Janeiro
30 de novembro de 1983

Caro Lêdo Ivo:
fiquei muito confortado com a sua adesão à minha "candidatura", lançada pelo Jorge.[3] Assim, são dois votos garantidos, melhor que nada. Mas acho que eu não alcançarei um terceiro, pois não votaria em mim mesmo. Além do mais, o Jorge, ao que parece, não consultou previamente o ex-governador Antonio Carlos Magalhães, que aspira à Presidência. Obrigado, de qualquer modo.

Para lhe poupar trabalho, enviei diretamente ao Jacinto do Prado Coelho a colaboração pedida para *Colóquio/Letras*.

Abraço cordial do
Drummond

Rio de Janeiro
15 de julho de 1985

Caro Lêdo:
telefonei, dias seguidos, para sua casa, na esperança de agradecer de viva voz as boas palavras de sua carta, mas não tive sorte. Então, o agradecimento vai nestas linhas. Foi uma surpresa agradável, a de me saber lembrado nessas terras longínquas, em meio a um festival de poesia. Espero tenha gostado do Willemsen[4], pessoa simpática e tradutor sério, tão amigo dos brasileiros.

O abraço cordial e os bons votos do
Drummond

---

3. Jorge Amado havia lançado a candidatura de Carlos Drummond de Andrade ao Prêmio Nobel, o que motivou a pronta adesão de Lêdo Ivo. A carta do poeta de *A rosa do povo* é de uma finura e humor apreciáveis.
4. August Willemsen, amigo do Brasil, terra de um de seus livros, consagrou-se na Holanda como tradutor de poetas e prosadores da língua portuguesa. Traduziu Fernando Pessoa e Machado de Assis e incumbiu-se ainda de antologias poéticas de Carlos Drummond de Andrade e Lêdo Ivo.

Rio, 15 de julho, 1985.

Caro Lêdo:

Telefonei, dias seguidos, para sua casa, na esperança de agradecer de viva voz as boas palavras de sua carta, mas não tive sorte. Então, o agradecimento vai nestas linhas. Foi uma surpresa agradável, a de me saber lembrado nessas terras longínquas, em meio a um festival de poesia. Espero tenha gostado do Willemsen, pessoa simpática e tradutor sério, todo amigo dos brasileiros.

O abraço cordial e os bons votos do

Drummond

Rio de Janeiro
18 de julho de 1985

A deusa de que sou cativo
Greta Garbo (nome-fanal)
por gentileza de Lêdo Ivo
chega a mim em cartão postal.

Pelo poder da minha mente,
num amor que transcende a foto,
nós nos beijamos ternamente
em Pasárgada ou céu ignoto.[5]

Obrigado!
Drummond

---

5. Numa de suas viagens à Holanda, para participar de um festival internacional de poesia, Lêdo Ivo descobriu, num antiquário de Amsterdã, uma bela fotografia de Greta Garbo. Adquiriu-a e enviou-a a Carlos Drummond de Andrade, desde a juventude um fervoroso admirador da grande estrela sueca.

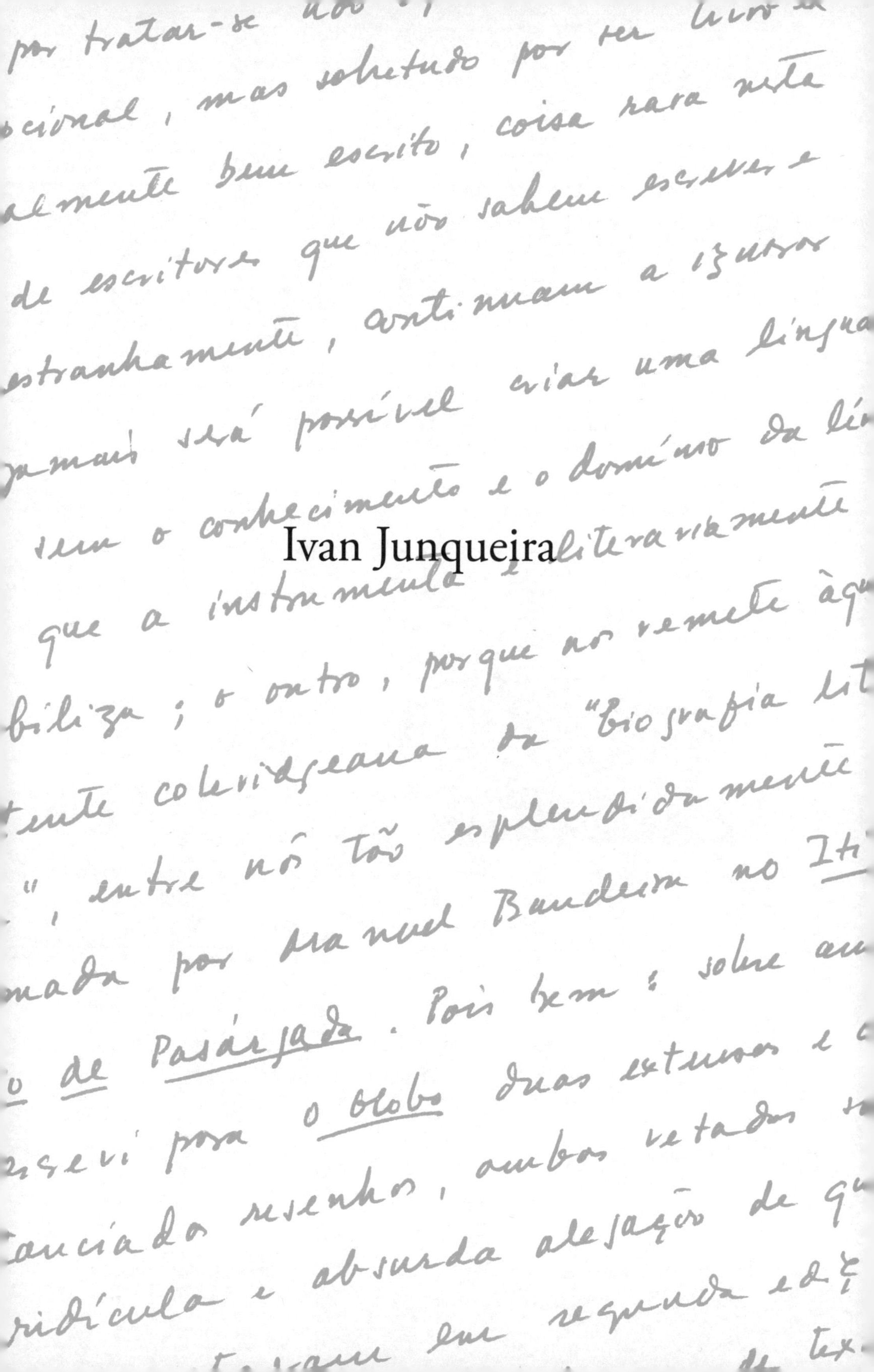

Ivan Junqueira

Ivan Junqueira e Lêdo Ivo
Arquivo Lêdo Ivo/Acervo IMS

Rio de Janeiro
2 de dezembro de 1980

Prezado Lêdo Ivo:
faz muito tempo que penso em escrever-lhe, mas, como v. sabe, essa maldita vida que se leva só contribui mesmo para que, a cada passo, se frustrem nossos planos e intenções.[1] A razão desta carta poderá parecer-lhe pueril ou mesmo ociosa, mas deixo a v. a escolha do adjetivo que melhor a qualifique. E posto que me descarto desse espinhoso ofício judicante, vamos ao que interessa, se é que interessa...

---

1. Como indica esta carta, o apreço mútuo antecipou as relações pessoais de Ivan Junqueira e Lêdo Ivo. Um episódio os aproximou: na manhã do dia 15 de abril de 1991, eles eram os únicos poetas e escritores presentes na cerimônia do sepultamento de Dante Milano, "um dos nossos poetas mais fortes e mais perfeitos", para citar aqui uma menção de Manuel Bandeira. A eleição de Ivan Junqueira para a Academia Brasileira de Letras ligou ambos os poetas numa amizade perdurável. A Ivan Junqueira deve Lêdo Ivo não apenas as manifestações críticas mencionadas nesta carta como, principalmente, a introdução ao seu *Poesia completa* (Rio de Janeiro: Topbooks, 2004): um estudo considerado magistral e indispensável à compreensão e ao conhecimento de sua criação poética. Esse estudo aponta para a alta linhagem intelectual de Ivan Junqueira, que, além de ser um dos nossos maiores poetas contemporâneos, é ainda tradutor emérito (Baudelaire, Leopardi, Dylan Thomas, T. S. Eliot) e notável ensaísta (*O encantador de serpentes*, *A sombra de Orfeu*, *O signo e a sibila*). Em 2005, a editora Girafa publicou, em três volumes, *Poesia reunida* e *Ensaios escolhidos* (os dois últimos englobando estudos sobre poesia e poetas, prosa de ficção, ensaísmo e crítica literária), o que permite ao leitor pleno acesso à sua obra. Nesta carta lateja a diferença entre a criação poética e a vida literária; entre a obra e o seu trajeto – às vezes acidentado, quando não plenamente obstaculizado – nos meios de comunicação.

Recebi no princípio deste ano dois livros que v. bondosamente me dedicou: *Ninho de cobras* e as *Confissões de um poeta*. Ambos despertaram-me o mais vivo interesse: o primeiro, por tratar-se não apenas de um romance excepcional, mas sobretudo por ser livro excepcionalmente bem escrito, coisa rara nesta terra de escritores que não sabem escrever e que, estranhamente, continuam a ignorar que jamais será possível criar uma linguagem sem o conhecimento e o domínio da língua que a instrumenta e literariamente a viabiliza; o outro, porque nos remete àquela vertente coleridgiana da "biografia literária", entre nós tão esplendidamente retomada por Manuel Bandeira no *Itinerário de Pasárgada*. Pois bem: sobre ambos escrevi para *O Globo* duas extensas e circunstanciadas resenhas, ambas vetadas sob a ridícula e absurda alegação de que os livros estavam em segunda edição. Argumentei que se tratavam de textos importantes e, talvez mais importante ainda, de autor a quem, pelo menos a meu ver, a crítica (mas que crítica, Lêdo Ivo?) ainda não entendeu nem aplaudiu como devia. Creio que v. ainda paga caro por aquela filiação à geração de 1945, até hoje também mal compreendida. Enfim, as resenhas não saíram.

Não saíram e fiquei desde então cogitando de enviar-lhe uma cópia das mesmas, o que faço agora (com reprovável atraso) em anexo a esta carta. As resenhas poderão não valer lá grande coisa – e é muito provável que não o valham, ou que não valham nada –, mas, pelo menos, v. ficará ciente de que não apenas li os seus livros, mas também de que sobre eles escrevi. E repito aqui que os considero da maior importância. Mas o que hoje é importante para *O Globo* se confunde a tal ponto com a mais descabelada forma de contracultura que resolvi não insistir. Aliás, como v. talvez já tenha visto, não estou mais escrevendo para a seção "Livros". Com a saída de Tite de Lemos, aquilo ali se converteu numa página de frívolas e indigentes variedades, na qual agora se lêem coisas do seguinte jaez: "*Hélas!*, como diziam os poetas parnasianos franceses (...)", *apud* Beatriz Horta, em resenhola louvaminheira à sua bela e trêfega amiguinha Bruna Lombardi, tão "gaia" quanto a nossa "ingaia ciência". Sem comentários.

Pois é. Mas eis que me achava eu posto em sossego, às voltas com possíveis subsídios para uma antologia crítica que me encomendou a Nova

Fronteira sobre toda a prosa de não-ficção de Lins do Rego, quando me deparo com sua esplêndida e lucidíssima introdução a *O vulcão e a fonte*, da qual furtei algumas passagens para utilizá-las em minha avaliação daquele menino de muitos engenhos. (Não se preocupe. Sempre forneço minhas fontes em nota de pé de página.) E mais uma vez me ocorreu que a crítica brasileira jamais lhe fez a devida justiça. Não é que eu seja leitor de tudo o que v. escreveu. Julgo mesmo que, às vezes, v. tentou impor como expressão literária daquele indissolúvel convívio entre forma e fundo o que me pareceu apenas signo de desequilíbrio e divórcio entre ambos. Mas os textos que acima citei – e há muitíssimos outros de seu punho – não podem ser ignorados por ninguém, em particular por aqueles cujo ofício é escrever. V. tem sido vítima de algumas graves incompreensões. Acusam-no, por exemplo, de "brilho fácil". Não creio. Jamais o entendi assim. Para mim, a questão se coloca em outro pólo: justamente aquele em que, com toda a pertinência e lucidez, v. colocou nas *Confissões*. Em outras (as suas, aliás) palavras: "Hoje costumo perguntar-me se o consegui, já que os críticos mais judiciosos (...) amam aludir em mim ao virtuosismo e à perícia formal. E me interrogo também se essa façanha – talvez guiada menos pela vontade sequiosa de afirmação do que pelo instinto criador (...) – não terá erradicado alguns segmentos valiosos ou, estancando fontes vivas, impôs silêncio a uma alta verdade que só poderia ser dita através do *abuso e do excesso*".

Bem, creio que esta carta nos torna menos distantes. Se v. não sabe, fui sempre seu admirador, às vezes mais de sua inteligência do que de sua poesia. Tomo aqui a liberdade de enviar-lhe, juntamente com as resenhas, um exemplar de *A rainha arcaica*, recém-saído dos prelos e da qual andam dizendo tão bem que já começo a desconfiar. Ano que vem, à medida que forem saindo, gostaria de mandar-lhe também o *Testamento de Pasárgada* (trata-se de uma antologia poética de Bandeira em que lhe examino e antologizo a poesia segundo 19 ângulos distintos, dedicando a cada uma dessas "faces" outros tantos longos estudos críticos), *Eliot.Poesia* (é a tradução de praticamente toda a poesia do autor, acompanhada de um extenso estudo introdutório, notícia biográfica, 87 notas de pé de página e 234 notas de leitura, além de fortíssima bibliografia do e sobre o poeta), *Dias idos e vividos* (a antologia sobre Lins do Rego de que lhe falei) e *Estudos e ensaios*, 1ª série (coletânea de parte dos meus textos de crítica literária éditos e inéditos).

    E vamos ficando por aqui, quanto mais não seja porque penso que já fui longe demais. Um grande abraço do confrade menor e admirador,

    Ivan Junqueira

do:

unho lido com grande interesse e prazer o livri-
que teve a bondade de mandar. Não lia versos
havia muito tempo, e esta leitura me fez en-
?? um Lêdo Ivo que é o mesmo e é também ou-
a mesma força que vem de dentro e arrebenta no
o mesmo virtuosismo que parece descobrir senti-
ovos em cada palavra, a mesma capacidade trans-
adora que faz da expressão corrente uma lin-
?em nova. Mas parece que o teor musical das pa-
as meudou, gerando ??? atenuadas que
aproximam da fala, sem qualquer prosaísmo. O
e verso tem neste livro uma espécie de equilíbrio
?lante que prende o leitor, inclusive porque parece
mesmo tempo solto e metrificado, de maneira
?or diferente das praxes. Uma lição de poesia po-
anto desnorteio da hora presente.

Passando de pai a filho, quero dizer que fi-
?es lumbrato pela admirável exposição do Cronc
Ivo, que tem, naturalmente por herança, uma
ra força criadora. É incrível como ele faz da
ma e da côr elementos que instauram um m
do além da representação. Mas, sobretudo, ?

Antonio Candido
Juan Esteves

São Paulo, 14 de junho de 2004

Caro Lêdo:
tenho lido com grande interesse e prazer *Plenilúnio*, que teve a bondade de mandar. Não lia versos seus havia muito tempo, e esta leitura me fez encontrar um Lêdo Ivo que é o mesmo e é também outro. A mesma força que vem de dentro e arrebenta no verso, o mesmo virtuosismo que parece descobrir sentidos novos em cada palavra, a mesma capacidade transfiguradora que faz da expressão corrente uma linguagem nova. Mas parece que o teor musical das palavras mudou, gerando sonoridades atenuadas que as aproximam da fala, sem qualquer prosaísmo. O seu verso tem neste livro uma espécie de equilíbrio oscilante que prende o leitor, inclusive porque parece ao mesmo tempo solto e metrificado, de maneira a ficar diferente das praxes. Uma lição da poesia para tanto desnorteio da hora presente.

Passando de pai a filho, quero dizer que fiquei deslumbrado pela admirável exposição de Gonçalo Ivo, que tem, naturalmente por herança, uma rara força criadora. É incrível como ele faz da forma e da cor elementos que instauram um mundo além da representação. Mas, sobretudo, como é capaz de produzir tanta alegria para os olhos e para o espírito, dispensando as coisas a que estamos habituados. Poder admirar tanto o pai quanto o filho é raro e grato; por isso quis associá-los nesta carta, terminando com um afetuoso abraço a Lêda e a você.

Do velho e constante admirador
Antonio Candido

INSTITUTO MOREIRA SALLES

Walther Moreira Salles (1912-2001)
Fundador

DIRETORIA EXECUTIVA

Fernando Roberto Moreira Salles
Presidente

João Moreira Salles
Roberto Konder Bornhausen
Vice-Presidentes

Mauro Agonilha
Diretor Tesoureiro

Gabriel Jorge Ferreira
Diretor Executivo

CONSELHO DE ADMINISTRAÇÃO

João Moreira Salles
Presidente

Fernando Roberto Moreira Salles
Vice-Presidente

Gabriel Jorge Ferreira
Pedro Moreira Salles
Roberto Konder Bornhausen
Walther Moreira Salles Junior
Conselheiros

CONSELHO CONSULTIVO

João Moreira Salles
Presidente

Augusto Carlos da Silva Telles
Lúcia Regina Moreira Salles
Lygia Fagundes Telles
Pérsio Arida
Conselheiros

CASA DA CULTURA DE POÇOS DE CALDAS

CONSELHO CONSULTIVO

João Moreira Salles
Presidente

Antonio Candido de Mello e Souza
Resk Frayha
Conselheiros

ADMINISTRAÇÃO

Antonio Fernando De Franceschi
Superintendente Executivo

Bernardo Ajzenberg
Maria do Carmo Martins Iász
Coordenadores Executivos

Carlos Barmak
Coordenador – Ação educativa

José Luiz Herencia
Coordenador – Música

Liliana Giusti Serra
Coordenadora – Bibliotecas

Manuel da Costa Pinto
Coordenador editorial

Michel Laub
Coordenador – Publicações e cursos

Sergio Burgi
Coordenador – Fotografia

Elizabeth Pessoa Teixeira
Odette Jerônimo Cabral Vieira
Roselene Pinto Machado
Vera Regina Magalhães Castellano
Coordenadoras – Centros culturais

INSTITUTO MOREIRA SALLES

SEDE

Av. Paulista, 1294, 14º andar, Bela Vista.
CEP: 01310-915. São Paulo-SP.
Tel.: (0 xx 11) 3371-4455;
fax: (0 xx 11) 3371-4497.
E-mail: ims@ims.com.br

CENTROS CULTURAIS

Rio de Janeiro
Rua Marquês de São Vicente, 476, Gávea.
CEP: 22451-040. Rio de Janeiro-RJ.
Tel.: (0 xx 21) 3284-7400;
fax: (0 xx 21) 2239-5559.

São Paulo
Rua Piauí, 844, 1º andar, Higienópolis.
CEP: 01241-000. São Paulo-SP.
Tel.: (0 xx 11) 3825-2560;
fax: (0 xx 11) 3661-0984.

Belo Horizonte
Av. Afonso Pena, 737, Centro.
CEP: 30130-002. Belo Horizonte-MG.
Tel.: (0 xx 31) 3213-7900;
fax: (0 xx 31) 3213-7906.

Poços de Caldas
Rua Teresópolis, 90, Jardim dos Estados.
CEP: 37701-058. Poços de Caldas-MG.
Tel./fax: (0 xx 35) 3722-2776.

GALERIAS IMS

Rio de Janeiro
Unibanco Arteplex
Praia de Botafogo, 316, lojas D e E
Tel.: (0 xx 21) 2559-8750

São Paulo
Unibanco Arteplex
Frei Caneca Shopping & Convention Center
Rua Frei Caneca, 569, 3º piso.
Tel.: (0 xx 11) 3255-8816

Porto Alegre
Unibanco Arteplex
Shopping Bourbon Country
Av. Túlio de Rose, 80, 2º piso.
Tel.: (0 xx 51) 3341-9685

Curitiba
Unibanco Arteplex
Crystal Plaza Shopping
Rua Comendador Araújo, 731
Tel.: (0 xx 41) 223-2527

RESERVA TÉCNICA FOTOGRÁFICA

Rua Marquês de São Vicente, 476
Rio de Janeiro
Tel.: (0 xx 21) 3284-7400.

RESERVA TÉCNICA MUSICAL

Rua Marquês de São Vicente, 476
Rio de Janeiro
Tel.: (0 xx 21) 3284-7400.

INTERNET / RÁDIO IMS

http://www.ims.com.br

E agora adeus
Correspondência para Lêdo Ivo

Direção Editorial
Antonio Fernando De Franceschi

Editor Executivo
Bernardo Ajzenberg

Edição
Manuel da Costa Pinto
Michel Laub

Transcrição das cartas
Liliana Giusti Serra
Maria Inês Rivaben Ricci
Sérgio Barbosa da Silva

Checagem e revisão
Flávio Cintra do Amaral
Helio Ponciano

Projeto gráfico e capa
Negrito Produção Editorial

Produção editorial
Acássia Correia da Silva
Cecília Harumi O. Niji
Fabiana Amorim
Priscila Oliveira

Agradecimentos
Entre tantos, aos familiares e detentores dos direitos autorais dos missivistas e aos autores que autorizaram a publicação das cartas.
À Fundação Casa de Rui Barbosa, ao Instituto de Estudos Brasileiros (IEB-USP), a Elizabeth Ghiraldelli Bonfá e à Casa de Menotti Del Picchia (Itapira, SP).

Todos os direitos reservados

ESTE LIVRO FOI COMPOSTO EM ADOBE GARAMOND
PELA NEGRITO PRODUÇÃO EDITORIAL PARA O
INSTITUTO MOREIRA SALLES EM NOVEMBRO DE 2007